Kindheit – Bildung – Erziehung. Philosophische Perspektiven

Reihe herausgegeben von

Johannes Drerup, Institut für Allgemeine Erziehungswissenschaft und Berufspädagogik, Technische Universität Dortmund, Dortmund, Deutschland

Franziska Felder, Institut für Erziehungswissenschaft, Universität Zürich, Zürich, Schweiz

Veronika Magyar-Haas, Departement für Erziehungs- und Bildungswissenschaften, Université de Fribourg, Fribourg, Schweiz

Gottfried Schweiger, Zentrum für Ethik und Armutsforschung, Universität Salzburg, Salzburg, Österreich

In der Reihe „Kindheit – Bildung – Erziehung: Philosophische Perspektiven" erscheinen Monographien und Sammelbände, die sich mit philosophischen Debatten über Fragen der Kindheit, der Bildung und der Erziehung beschäftigen. Thematisiert werden etwa Problematiken der theoretischen Konzeptualisierung, der Legitimation und Gewährleistung von Erziehung und Bildung in (post-) modernen Gesellschaften genauso wie aktuelle Kontroversen über normativ relevante Unterscheidungen zwischen Kindern und Erwachsenen, über spezifische Güter der Kindheit und über das Verhältnis von Eltern- und Kinderrechten in und außerhalb von liberalen Demokratien. Die Reihe richtet sich an Interessierte aus der Erziehungs- und Bildungsphilosophie, den Childhood Studies, der Philosophie der Kindheit und aus weiteren philosophischen Disziplinen (z.B. Politische Philosophie), die sich mit den genannten Themen- und Problemfeldern beschäftigen.

In the series „Childhood and Education. Philosophical Perspectives" monographs and edited volumes are published that deal with philosophical debates about childhood and education. Topics include philosophical questions and problems concerning the conceptualization, justification and the practice of education in (post-)modern societies, as well as controversies over normatively relevant distinctions between children and adults, the specific goods of childhood, and the relation between the rights of children and parents in and beyond liberal democracies. The series addresses scholars from the philosophy of education, childhood studies, philosophy of childhood as well as from other philosophical disciplines (e.g. political philosophy), who are interested in the aforementioned topics and issues.

Stephanie Mekacher

Schule macht Schüler*innen

Eine Untersuchung von Differenzkonstruktionen im Primarschulalltag

1682 J.B. METZLER

Stephanie Mekacher
University of Fribourg
Fribourg, Schweiz

ISSN 2662-5040 ISSN 2662-5059 (electronic)
Kindheit – Bildung – Erziehung. Philosophische Perspektiven
ISBN 978-3-662-69598-2 ISBN 978-3-662-69599-9 (eBook)
https://doi.org/10.1007/978-3-662-69599-9

Die Deutsche Nationalbibliothek verzeichnet diese Publikation in der Deutschen Nationalbibliografie; detaillierte bibliografische Daten sind im Internet über https://portal.dnb.de abrufbar.

Planung/Lektorat: Friederike Lierheimer
J.B. Metzler ist ein Imprint der eingetragenen Gesellschaft Springer-Verlag GmbH, DE und ist ein Teil von Springer Nature.
Die Anschrift der Gesellschaft ist: Heidelberger Platz 3, 14197 Berlin, Germany

Vorwort

Vorliegende Publikation ist eine am Departement für Erziehungs- und Bildungswissenschaften der Philosophischen Fakultät der Université de Fribourg eingereichte, verteidigte und mit dem Fakultätspreis für die beste Masterarbeit des Jahres 2022 ausgezeichnete Studie, welche aufgrund ihrer überzeugenden wissenschaftlichen Qualität, ihrer differenzierten Auseinandersetzung mit heterogenen theoretischen Positionen sowie mit selbst erhobenem empirischem Material auf diese Weise einer breiteren Leser*innenschaft zugänglich gemacht werden soll.

Gerade weil Fragen der Differenzkonstruktionen in der erziehungswissenschaftlichen Forschung seit bald dreißig Jahren starke Konjunktur haben, ließe sich berechtigterweise fragen, was das Besondere an einer weiteren Untersuchung sei, die Konstruktionen von Differenz im Schulalltag zu rekonstruieren suche. Als ein solches «Novum» ließe sich ausmachen, dass hier mit der Methode der Ethnographie Primarklassen des sogenannten «Zyklus 1» in der Schweiz, die von Kindern etwa im Alter zwischen sechs bis acht Jahren besucht werden, so untersucht werden, dass sich dabei die Analyse *nicht* auf einzelne Differenzkategorien richtet. Vielmehr wird versucht, die heterogenen Differenzlinien in einer intersektional ausgerichteten Perspektive zu erfassen, um über ihre Verwobenheiten Aussagen treffen zu können. So setzt sich die Untersuchung in theoretischer und empirischer Hinsicht mit der Frage auseinander, auf welche Weise in schulischen Praktiken auf der Primarstufe welche Differenzen in ihrer Verschränkung hervorgebracht und reproduziert werden und inwiefern diese mit Diskriminierung und Stigmatisierung im Zusammenhang stehen.

Dabei wird die Genese des Differenzbegriffs in den Sozialwissenschaften rekapituliert und seine erziehungswissenschaftliche Rezeption versichert. Besondere Beachtung erfahren dabei die Ansätze des «doing gender» sowie des «doing difference». Im Zuge der Veranschaulichung der Stärken aber auch der Problematiken dieser Ansätze wird auf den Intersektionalitätsansatz intensiv eingegangen und die de-konstruktivistische Sicht auf Differenz angerissen. Der Darstellung heterogener Umgangsweisen mit Differenz und Ungleichheit in Bildungskontexten folgt eine breite Aufarbeitung des aktuellen Forschungsstandes hinsichtlich der Forschungsfrage der Studie, bei der auch das Forschungsdesiderat versichert wird: Der intersektionale Blick auf Differenzkonstruktionen in Schweizerischen Primarklassen.

Dass zur Bearbeitung einer so perspektivierten Fragestellung die Ethnographie eine adäquate Forschungsmethode und die Grounded Theory Methodology eine ebensolche Analysemethode bietet, wurde in zahlreichen erziehungs- bzw. sozialwissenschaftlichen Studien unter Beweis gestellt. So liegt es nahe, dass in der vorliegenden Arbeit diese Methoden verwendet werden. Dabei werden die Prozesse der Datengewinnung, -aufbereitung sowie -analyse profund beschrieben und erörtert, aus welchen Gründen eine starke Orientierung an die teilnehmende Beobachtung erfolgt, weshalb und wie Feldnotizen und Beobachtungsprotokolle verwendet werden und wie mit den Ansprüchen des Analyseverfahrens umgegangen wurde. Zudem wird der Feldzugang verdeutlicht und die beiden Schulklassen, die beobachtetet wurden, beschrieben.

Ein äußerst überzeugender Part der Studie ist, dem «Rahmen der Differenzherstellung» intensive Aufmerksamkeit zu schenken und dabei die strukturierten, durch das Kodierverfahren generierten Ergebnisse der Untersuchung materialreich darzulegen. Rekonstruiert werden auf diese Weise vier Rahmungen bzw. Kontexte, in denen auf verschiedene Weise Differenzen hervorgebracht werden. Hierzu zählen die schulischen Anforderungen genauso wie das Verhalten schulischer Akteur*innen, das Gefüge der Macht sowie die Gestaltung des Unterrichts. Dass solche Rahmungen analytische, d. h. empirisch kaum trennbare Kategorien seien, lässt sich daran erkennen, dass schulische Anforderungen genauso mit Machtverhältnissen durchwoben sind, wie auch das Verhalten schulischer Akteur*innen mit der Unterrichtsgestaltung in engem Zusammenhang stehen.

Zur exemplarischen Veranschaulichung der zentralen Erkenntnisse wird ein Fall hervorgehoben, in dessen Zentrum der Schüler Max steht sowie die verbalen und körperlichen Umgangsweisen der Lehrpersonen und der Mitschüler*innen mit ihm. In Bezugnahme auf unterschiedliche Rollen und Adressierungsweisen werden die Verwobenheiten der heterogenen Differenzlinien bezüglich *generation, class, ethnicity und gender* dargelegt. Mit einem intersektionalen Blick auf das empirische Material und auf die theoretischen Positionen etwa von Erving Goffman und Stefan Hirschauer wird hier aufgezeigt, welche Bedeutung Stigmatisierungen, die u. a. in Lernsettings hervorgebracht wurden – etwa die Etikettierung eines Schülers oder einer Schülerin als «Abweichler*in» –, auch für die peer-Beziehungen haben kann.

Diese Studie, in der auch die Positionierung der Ethnographin im Untersuchungsfeld kritisch reflektiert wird, eröffnet zentrale Erkenntnisse und ermöglicht verschiedene Anschlüsse im breiten Feld der internationalen und intersektional ausgerichteten Differenzforschung in pädagogischen, durch Macht, Generationenverhältnissen und Leistungserwartungen strukturierten Räumen.

Fribourg
im April 2024

Veronika Magyar-Haas

Danksagung

An dieser Stelle möchte ich mich herzlich bei all jenen Personen bedanken, die mit ihrer Unterstützung maßgeblich zur Realisierung meiner Forschungsarbeit beigetragen haben. Bedanken möchte ich mich insbesondere bei den Primarlehrpersonen, die sich dazu bereit erklärt haben, ihre Klassenzimmertüren zu öffnen und an meiner empirischen Untersuchung teilzunehmen. Durch ihre offene und unkomplizierte Art war es mir möglich, verschiedene Unterrichtssettings wie auch Pausensequenzen des Primarschulalltags teilnehmend zu beobachten. In diesem Zusammenhang gebührt auch den Schulkindern ein großer Dank. Sie haben mich mit offenen Armen empfangen und mir einen Einblick in ihre Peerkultur gewährt.

Außerdem gilt Prof. Dr. Veronika Magyar-Haas ein besonderer Dank für die Betreuung meiner Arbeit. Dank ihrer Unterstützung und wertvollen Beratung konnte ich auftauchende Schwierigkeiten leichter meistern.

Weiter danke ich Lisa Schenk für das sorgfältige und konstruktive Lektorat meiner Forschungsarbeit.

Zu guter Letzt gebührt meiner Familie, meinem Freundeskreis wie auch meinen Arbeitskolleg*innen ein großes Dankeschön. Sie haben mir in dieser bewegten Zeit nicht nur viel Verständnis entgegengebracht, sondern mich auch immer wieder mit aufmunternden Worten gestärkt und mir den Rücken freigehalten.

Inhaltsverzeichnis

Abbildungsverzeichnis

Einleitung

1

Die vorliegende Publikation setzt sich mit der aktiven Hervorbringung von Differenz und der damit verbundenen (Re-)Produktion von sozialen Ordnungen und Ungleichheiten im Unterricht von Primarschulklassen auseinander. Sie wurde als Masterarbeit im Themenbereich der Pädagogik der Kindheit und Kindheitsforschung am Departement für Erziehungs- und Bildungswissenschaften der Philosophischen Fakultät der Université de Fribourg verfasst. Das Forschungsinteresse beruhte auf einer zuvor verfassten Studie, in der eine Sekundäranalyse der Daten zur «Alltagskultur einer ersten Primarschulklasse» von Jäger & Biffi (2011) durchgeführt wurde. Dabei wurde analysiert, ob sich Muster in der Art und Weise, wie Differenzen von Lehrer*innen und Schüler*innen im schulischen Kontext geschaffen werden, abzeichnen. Es ließ sich rekonstruieren, dass sich im Schulalltag die Unterscheidungspraktiken der Lehrpersonen vorrangig an der Differenzkategorie *pupil* manifestierten, was eng mit den institutionellen Arrangements, wie beispielsweise der strukturellen Trennung zwischen Lehrkräften und Schüler*innen, in Zusammenhang steht. Vom ersten Unterrichtstag an stellte die Lehrkraft auf Grundlage der Norm des schulkonformen Schüler*innenseins explizite wie auch implizite Erwartungen an das Verhalten der Kinder und generierte dadurch eine Differenz zwischen angepassten und weniger angepassten Lernenden. Diese Differenzkonstruktion wurde von der Peerkultur nach kurzer Zeit übernommen, womit den Mitschüler*innen ihre jeweiligen Plätze innerhalb der sozialen Ordnung der Schulklasse zugewiesen wurden. Die Lernenden als Ko-Konstrukteur*innen bearbeiten demzufolge über das *doing pupil* ihre Zugehörigkeiten zur Schüler*innenschaft.

Im Rahmen der vorliegenden Untersuchung wurden die eben dargelegten Befunde auf Basis einer ethnographischen Feldstudie weiter erforscht. Der

S. Mekacher, *Schule macht Schüler*innen*, Kindheit – Bildung – Erziehung. Philosophische Perspektiven, https://doi.org/10.1007/978-3-662-69599-9_1

Schwerpunkt liegt auf der situativen Herstellung und Bearbeitung von Differenz im schulischen Alltag von zwei Primarschulklassen in der deutschsprachigen Schweiz. Im Fokus der Analysen steht, ob und wie Primarlehrpersonen in ihrem Handeln und Sprechen Unterscheidungspraktiken vollziehen und welche Auswirkungen diese *doing difference* Prozesse auf das Beziehungsgefüge in der Klasse haben. Derweil sich diverse erziehungswissenschaftliche Studien mit dem Thema der interaktiven Konstruktion und Verarbeitung von Differenzen in schulischen Kontexten auf der Eingangsstufe, d. h. Kindergarten, oder auf der Sekundarstufe befassen, ist die Frage, wie Differenzen in unterrichtlichen Praktiken der Primarstufe (re-)produziert werden, im Bildungsraum Schweiz bislang kaum erforscht worden. Vorliegende Arbeit hat den Anspruch, einen Beitrag zu dieser Forschungslücke zu leisten.

Die Frage nach dem Umgang mit Gleichheit und Differenz in der Schule ist von großem Interesse, nicht zuletzt seit dem Vorliegen der Ergebnisse von internationalen Vergleichsstudien wie PISA (Programme for International Student Assessment) und IGLU (Internationale Grundschul-Lese-Untersuchung) (vgl. Kuhn, 2013). Im Lichte der empirischen Erkenntnisse, die den Zusammenhang von sozialer Herkunft, Bildungserfolg und Schulleistung aufdeckten, wurde der Handlungsbedarf hinsichtlich des Umgangs mit (Bildungs-)Ungleichheiten deutlich. Die aktive Auseinandersetzung mit Fragen zum Umgang mit Heterogenität im Kontext des sogenannten PISA-Schocks gab einen Anstoß für wichtige Bildungsreformen. So wurde in der Schweiz die Forderung nach Anerkennung von Unterschieden sowie der Wandel von Separation zu schulischer Integration (vgl. Schweizerische Konferenz der kantonalen Erziehungsdirektoren, 2007) als zentrale Voraussetzung pädagogischen Handelns herausgehoben. Diese Entwicklungen wurden in jüngster Zeit angesichts von Fluchtmigrationsbewegungen und der Beschulung geflüchteter Kinder und Jugendlicher weiter verstärkt. Ob in der Schule, in der Wissenschaft oder in der Bildungspolitik: der Umgang mit Vielfalt ist zu einem zentralen Thema geworden.

Anhand einer ethnographischen Herangehensweise soll in der vorliegenden Arbeit eruiert werden, inwiefern in der Unterrichtspraxis von Schulklassen soziale Differenzen thematisiert, hervorgehoben oder nivelliert werden. Beschrieben werden soll, wie die schulischen Akteur*innen Abgrenzungs- und Zuschreibungsprozesse vornehmen und welche Bedeutung diese für die Positionierung der Individuen im sozialen Gefüge der Schulklassen entfalten. Unter der Prämisse, dass im Handeln und Sprechen von Lehrpersonen Unterscheidungspraktiken nachgezeichnet werden können, stehen folgende Fragestellungen im Vordergrund:

- Welche Differenzlinien und Unterscheidungskriterien lassen sich in den Praktiken der Lehrpersonen rekonstruieren?
- Inwiefern zeigen sich die beobachteten Differenzierungspraktiken der Lehrpersonen auch in den Interaktionen der Schüler*innen?
- Welche Bedeutung haben die beobachteten Unterscheidungspraktiken der schulischen Akteur*innen für die Herausbildung einer sozialen Ordnung bzw. für die Positionierung einzelner Kinder im sozialen Gefüge der Klasse?

Diese Fragen gilt es in Auseinandersetzung mit theoretischen Positionen auf empirischer Ebene zu beantworten: Zum einen werden Erklärungsansätze für das Zustandekommen von hierarchisierten, ungleichen Positionierungen von Lernenden im schulischen Alltag im Zusammenspiel mit situativ aktualisierten Differenzierungen angeführt. Zum anderen werden die unterrichtsbezogenen Differenzordnungen mittels der Ergebnisse der ethnographischen Feldforschung diskutiert. Die Forschungsarbeit gliedert sich somit in einen theoretischen und einen empirischen Teil: Die theoretische Abhandlung widmet sich zunächst der terminologischen Klärung des Differenzbegriffs und dessen Einordnung im erziehungswissenschaftlichen Forschungsfeld (Abschnitt 2.1). Anschließend wird im Abschnitt 2.2 der theoretische Ansatz des *doing difference* (Fenstermaker & West, 1995a) vorgestellt, der auf dem Konzept des *doing gender* (West & Zimmermann, 1987) aufbaut und die interaktive Hervorbringung von Differenz vor dem Hintergrund alltagsweltlicher Erfahrungen mit Bezug auf institutionelle und gesellschaftliche Rahmenbedingungen ins Zentrum rückt. In diesem Verständnis werden Differenzen nicht als vorgängig oder ‹natürlich› vorhanden betrachtet, sondern als in interaktiven Konstruktionsprozessen hervorgerufene und ausgehandelte Kategorien. Der *doing difference* Ansatz verbindet demnach zwei Forschungstraditionen der Geschlechterforschung miteinander: die Perspektive des *doing gender* und das Paradigma der Intersektionalität, das im Abschnitt 2.3 ebenfalls ausführlich dargestellt wird. Darauf aufbauend wird die de-konstruktivistische Sicht auf Differenz in den Blick genommen, mit der Stefan Hirschauer (2014) die Kontingenz von sozialen Differenzkonstruktionen beschreibt (Abschnitt 2.4).

Des Weiteren wird auf den Umgang mit Differenz und Gleichheit in der Bildung eingegangen und erläutert, wie Differenzierungsprozesse im Unterricht einen Beitrag zur (Re-)Produktion von Ungleichheiten leisten können (Abschnitt 2.5). In diesem Zusammenhang kommt dem Begriff der Chancengerechtigkeit eine hohe Bedeutung zu. Abschließend werden die mit der Anerkennung von Differenz verbundenen Herausforderungen erörtert und der aktuelle

Forschungsstand zu unterrichtsbezogenen Differenzkonstruktionen aufgearbeitet (Abschnitt 2.6).

Im Fokus des zweiten, empirischen Teils der Arbeit steht die Analyse der über teilnehmende Beobachtung generierten Daten. Eröffnet wird das Kapitel 3 mit der methodologischen Verortung des für die vorliegende Forschungsarbeit gewählten ethnographischen Zugangs. Hierbei wird auch die Forschungsprämisse der Grounded Theory Methodology offengelegt, weil die beiden Forschungsansätze in einem reziproken Verhältnis zueinander stehen (Abschnitt 3.1). Daraufhin erfolgt die Beschreibung der beiden ethnographierten Schulklassen und der Anlage der Untersuchung (Abschnitt 3.2). Vor diesem Hintergrund werden im Kapitel 4 die Forschungsergebnisse entlang der aus dem Datenmaterial hervorgehenden zentralen Bereiche der Differenzherstellung dargestellt. Die dabei verfolgte analytische Auseinanderhaltung der Lehrer*innen- und Schüler*innenperspektive soll dazu beitragen, die Reaktion der Lernenden auf das Agieren der Lehrpersonen besser kenntlich zu machen.

In der Diskussion der Ergebnisse (Kapitel 5) werden die gewonnenen Forschungserkenntnisse zu Differenzkonstruktionen im schulischen Alltag vor dem theoretischen Hintergrund systematisiert und exemplarisch anhand eines Fallbeispiels illustriert. Den Abschluss der Arbeit stellen die Schlussfolgerungen (Kapitel 6) dar, in denen die zentralen Befunde mit Blick auf die hier aufgestellten Forschungsfragen beleuchtet werden. Schließlich werden die Positionierung der Ethnographin innerhalb des Forschungsprozesses reflektiert und mögliche Ansatzpunkte für weiterführende Untersuchungen angeführt.

Theoretische Grundlagen 2

2.1 Zur Genese des Differenzbegriffs in den Sozialwissenschaften

Als Grundlage für den Begriff Differenz dienen unterschiedliche theoretische Vorstellungen aus sozialwissenschaftlichen Disziplinen. Aus diesen heterogenen Argumentationen resultiert ein breites Bedeutungsspektrum des Differenzbegriffs, das im folgenden Kapitel in theoretische Bezugsrahmen eingeordnet werden soll. Ziel ist es, einen breiten Überblick über die Differenzdiskurse und -debatten in den Sozialwissenschaften zu geben.

Dass das Wort Differenz «das Stichwort der sogenannten Postmoderne zu sein» scheint, hebt Rita Casale (2001, S. 25–26) hervor und betont, dass der Differenzbegriff bei Nietzsche, Heidegger, Deleuze, Derrida und Foucault «in Bezug auf historische Epochen entwickelt» wurde. Zugleich lässt sich der Begriff theoriegeschichtlich noch weiter zurückverfolgen. Oppositionspaare gehören in der Philosophie zu den grundlegenden Werkzeugen des abendländischen philosophischen Denkens. Lutz & Wenning (2001, S. 17) erläutern, dass diese Gegensatzpaare – z. B. Kultur und Natur, Geist und Körper – bis ins 19. Jahrhundert stets als gleichwertige Grunddualismen bezeichnet wurden. Die sich scheinbar ergänzenden Polarisierungen wurden erst mit der Überwindung der feudalen Ständestruktur intensiver erforscht und legten den Grundstein für die wissenschaftliche Untersuchung von Unterschieden und für die Reflexion über Ungerechtigkeiten (Hillebrandt, 2001, S. 47). Ein größeres Bewusstsein für Pluralität entstand als Folge der sozialen und wirtschaftlichen Veränderungen in den 1950er- und 1960er-Jahren, die auch eine Vervielfältigung von Denk-, Gefühls- und Verhaltensmustern mit sich brachten (Mecheril & Plößer, 2009, S. 194). So wurde in den Sozial- und Humanwissenschaften über den Wahrheitsgehalt von

S. Mekacher, *Schule macht Schüler*innen*, Kindheit – Bildung – Erziehung. Philosophische Perspektiven, https://doi.org/10.1007/978-3-662-69599-9_2

Universalien und die Existenz von horizontalen Dualismen diskutiert. In diesem Zusammenhang zeigte die poststrukturalistische Philosophie, dass die Grunddualismen, die bisher als vergleichbar dargestellt wurden, nur vermeintlich horizontal oder vertikal komplementär seien. Fast immer werde nämlich eine Seite gegenüber der anderen bevorzugt. Eine solche ungleiche Beziehung impliziere folglich neben einer Differenz auch Ungleichheit und Hierarchie (Lutz & Wenning, 2001, S. 17).

In dieser Hinsicht leisten auch soziologische Theorien einen wichtigen Beitrag. Seit ihren Anfängen im 19. Jahrhundert hat die soziologische Forschung versucht, Identität und Einheit durch die Feststellung von Unterschieden zu verstehen. Auf der Basis von Beobachtungen der Gesellschaft versucht sie, soziale Phänomene wie die Struktur der sozialen Ordnung zu erklären. Deren Konstitution lässt sich durch die soziale Differenzierung der verschiedenen Komponenten und Einheiten der Gesellschaft ermitteln. In der Soziologie werden nach Frank Hillebrandt (2001, S. 49–50) zwei Formen von Differenzierung untersucht: Zum einen werden Prozesse der vertikalen und hierarchischen Differenzierung behandelt, zum anderen liegt der Schwerpunkt auf Prozessen der horizontalen und funktionalen Differenzierung.

2.1.1 Horizontale Differenzierung

Wie Hillebrandt (2001, S. 54) darlegt, konzentrieren sich soziologische Theorien, die sich mit horizontalen Differenzierungen befassen, auf zwei Arten der gesellschaftlichen Differenzierung: zum einen auf die wachsende berufliche Arbeitsteilung, die mit der zunehmenden Rollendifferenzierung einhergeht, zum anderen mit zahlreichen gesellschaftlich konstruierten Handlungslogiken, die unter dem Begriff der teilsystemischen Ausdifferenzierung subsumiert werden. Als Grundlage für diese sozialtheoretische Forschungsrichtung diene die Studie von Emile Durkheim, der aufzeigt, wie die zunehmende Realisierung der Arbeitsteilung und Spezialisierung mit ökonomischen und sozialen Problematiken einhergehe (Hillebrandt, 2001, S. 51). In seiner Sozialisationstheorie bestätigte Talcott Parsons die Idee der sozialen Unterscheidung, indem er postulierte, dass soziale Ordnung nur durch Sozialisation der Individuen hinsichtlich geteilter kultureller Werte und Normen möglich sei (Hillebrandt, 2001, S. 54). Nach dieser strukturell-funktionalen Theorie hinge die Aufrechterhaltung und die Reproduktion der sozialen Ordnung von der Integration des Individuums in die Gesellschaft ab.

Doch die «These einer durch Sozialisation ermöglichten *Zwangsintegration* des Einzelnen in moderne gesellschaftliche Strukturen, die als ein funktionales Erfordernis der modernen Gesellschaftsstruktur – die sich durch funktionale Differenzierung auszeichnet – begriffen wird» (Hillebrandt, 2001, S. 55, Herv. i. O.), ignoriere die kontingenten Selbstbeobachtungen und Selbstbeschreibungen des Menschen. So entwickelte Niklas Luhmann eine funktional-strukturelle Systemtheorie als Antwort auf diesen Mangel der strukturell-funktionalen Theorie der sozialen Differenzierung (Hillebrandt, 2001, S. 56). Seine Systemtheorie legt mehr Wert auf die Differenz als auf die Einheit. Er untersuchte genauer, wie Systeme fortwährend entstehen, was ihn zu der Frage führte, wie Gesellschaft überhaupt denkbar sei (Hillebrandt, 2001, S. 57). Nach Luhmann besteht die Gesellschaft aus mehreren Teilsystemen, die sich jeweils durch das charakterisieren, was sie nicht sind, respektive durch deren Differenz zur Umwelt (Hillebrandt, 2001, S. 18). Durch Kommunikation wird diese Leitdifferenz gebildet, die gleichzeitig Einschluss und Ausschluss schafft. Die Übernahme dieser ‹Spezialkommunikation› über binäre Codes und die daraus resultierende Anschlussfähigkeit sind gemäß Kronig (2019a) entscheidende Bestandteile gesellschaftlicher Teilsysteme, da sie zu deren Selbsterhaltung und Selbststabilisierung beitragen. Jene Auseinandersetzung mit Vielfalt und Differenz im sozialwissenschaftlichen Diskurs schärfte zwar das Bewusstsein für Pluralität, neigte aber dazu, die Art und Weise, wie Menschen sich entscheiden zu handeln, und die damit verbundenen Macht- und Ungleichheitsverhältnisse außer Acht zu lassen (Mecheril & Plößer, 2009, S. 195).

2.1.2 Vertikale Differenzierung

Soziologischen Positionen zufolge manifestiert sich soziale Ungleichheit erst dann, wenn Ungleichheiten zwischen Individuen eine hierarchische Bedeutung erhalten. Erst mittels der Bewertung können objektive Unterschiede zu Abweichungen werden. «Das unterschiedliche Haben wird z. B. über gesellschaftliche Bewertungsprozesse in unterschiedliches Sein der Akteure umgewandelt» (Hillebrandt, 2001, S. 60). Eine Definition dessen, was in Bezug auf menschliches Verhalten angebracht sei und was nicht, ist für diesen Prozess der Umdeutung von Varianz in Devianz notwendig. Wie Kronig (2019b, S. 2) darauf hinweist, postulierte bereits der griechische Philosoph Epiktet, dass «nicht die Tatsachen entscheiden, sondern die Meinungen, die wir über sie haben». Bis zur sozialen Umwälzung der Gesellschaftsstruktur in der Moderne wurde dieser Prozess der

Bewertung von Unterschieden und die daraus resultierende soziale Ungerechtigkeit jedoch als von Gott verursacht gerechtfertigt (Hillebrandt, 2001, S. 60). Erst mit der Postmoderne wurde eine reflexive Perspektive auf die Gesellschaft eingenommen, die soziale Ungleichheit und Abweichung als gesellschaftlich verankerte – und nicht als angeborene – Unterschiede ansah. Die Zunahme der Freiheiten für die persönliche Lebensgestaltung war eine Folge des Übergangs von einer stabilen Agrargesellschaft zu einer dynamischen Industriegesellschaft der Moderne. Wie Schmid (2012, S. 392) formuliert, ermöglichte das Schwinden konventioneller Orientierungsmuster den Menschen in der Moderne eine weitaus größere individuelle Flexibilität bei der Gestaltung der eigenen Lebensumstände. Die Selbstinszenierung des biografischen Verlaufs führte zu einer Pluralisierung der Lebensumstände. Die individuellen Lebensrealitäten wurden anspruchsvoller und komplexer, was sich auf die gesellschaftlich konstruierten Realitäten und das kollektive Alltagsbewusstsein auswirkte. Berger und Luckmann (1966) untersuchten in ihrem sozialkonstruktivistischen Ansatz, wie diese sozialen Konstruktionen entstehen und wie bestimmte Phänomene soziale Bedeutung erlangen und institutionalisiert werden. Die Methoden, mit denen Differenz und soziale Ungleichheiten in zeitgenössischen Gesellschaften kontinuierlich geschaffen und reproduziert werden, sind demzufolge ein Anliegen der soziologischen Theorien der vertikalen Differenzierung.

> «Soziale Ungleichheit bezeichnet somit die gesellschaftlich hervorgebrachten positiv oder negativ privilegierten Lebensbedingungen von Menschen, die in ihrer Gesamtheit die Lebens- und Handlungschancen des Einzelnen in der Gesellschaft bestimmen» (Hillebrandt, 2001, S. 60).

In diesem Zusammenhang ist in Anlehnung an Solga, Powell und Berger (2009, S. 16, 17–21) hervorzuheben, dass in der Ungleichheitssoziologie «vier Strukturebenen sozialer Ungleichheit zu unterschieden» sind: Determinanten, Dimensionen, Ursachen sowie Auswirkungen. Es geht dabei um die Frage, auf welche Weise bzw. durch welche gesellschaftlichen *Ursachen* bzw. Mechanismen (wie etwa Diskriminierung oder Ausbeutung) eine bestimmte *Determinante* (wie Klassenlage, soziale Herkunft oder Geschlecht) zu einer *Dimension* sozialer Ungleichheit werde, welche die relevantesten Arten von Vor- und Nachteilen darstellen (wie etwa Einkommens- oder Bildungsungleichheit) – und welche *Auswirkungen* diese zeigen (etwa ungleiche Armuts- und Gesundheitsrisiken). In diesem Sinne geht soziale Ungleichheit weit über «Verschiedenartigkeit» und auch über soziale Differenzierung hinaus. Von letzterem wird dann gesprochen, wenn *«gesellschaftlich verankerte (also gleichfalls überindividuelle)*

Unterschiede [...] nicht (notwendigerweise) mit Vor- und Nachteilen und somit nicht mit Asymmetrien in den Handlungsbedingungen verbunden sind» (Solga et al., 2011, S. 15, Herv. i. O.). Dies ist denkbar in Gesellschaften, in denen Menschen mit unterschiedlichen Sprachen und Religionen gleichberechtigt zusammenleben (Kreckel, 2004, S. 16). Sofern jedoch diese Unterschiede mit ungleichen Handlungsressourcen verbunden werden, transformiert sich soziale Differenzierung in soziale Ungleichheit.

Eine Auffassung von *sozialer Ungleichheit im engeren Sinne*, die primär die sozioökonomische Differenz relevant setzt, geht davon aus, dass die Klassen- und Schichtungleichheit die strukturbestimmende Form der Ungleichheit sei. Hiermit bleiben laut Kreckel (2004, S. 18) gesellschaftliche Verteilungsordnungen (bspw. aufgrund von Ethnizität, Geschlecht, Religion), die in heutigen Gesellschaften zunehmend bedeutsam sind und die an strukturprägendem Gewicht gewonnen haben, ausgeklammert. Als Konsequenz der verschiedenartigsten Erscheinungsformen von sozialer Ungleichheit und deren Veränderlichkeit sowie Reduzierbarkeit befürwortet Kreckel (2004, S. 16–17) eine Ausweitung des Begriffs sozialer Ungleichheit. Er plädiert für ein Verständnis von *sozialer Ungleichheit im weiteren Sinne*, die

> «überall dort vor[liegt], wo die Möglichkeit des Zugangs zu allgemein verfügbaren und erstrebenswerten sozialen Gütern und/oder zu sozialen Positionen, die mit ungleichen Macht- und/oder Interaktionsmöglichkeiten ausgestattet sind, dauerhafte Einschränkungen erfahren und dadurch die Lebenschancen der betroffenen Individuen, Gruppen oder Gesellschaften beeinträchtigt bzw. begünstigt werden» (Kreckel, 2004, S. 17, Herv. i. O.).

Da im gegenwärtigen Zeitalter, trotz weltweiter Gleichheitsproklamation aller Menschen, eine Vielfalt von wirkungsvollen Ungleichheitsverhältnissen fortbestehen, die – wie oben beschrieben – die Lebenschancen ganzer Generationen langfristig prägt, setzt sich Kreckel für eine Präzisierung des Begriffs der sozialen Ungleichheit ein und definiert diese als *strukturierte soziale Ungleichheit*. Er vertritt die Ansicht, dass diese Begriffsbestimmung zwei Formen resp. «Aggregatzustände» (Kreckel, 2004, S. 19) von sozialer Ungleichheit umfasst. Zum einen handle es sich dabei um die distributive Ungleichheit, bei der es um die ungleiche Verteilung von Wohlstand und Wissen geht. Zum anderen gehe es um die relationale Ungleichheit, die sowohl soziale Diskriminierungsprozesse als auch direkte Abhängigkeits- und Dominanzverhältnisse beschreibt (Kreckel, 2004, S. 20).

In der vorliegenden Arbeit wird ein breites Verständnis von struktureller sozialer Ungleichheit eingenommen, das beide oben dargelegten Perspektiven einschließt. Auch wenn der Fokus auf die sozialen Differenzierungsprozesse im

Schulalltag und den durch die schulischen Akteur*innen eingenommenen (erworbenen oder zugeschriebenen) Positionen mit ungleich ausgestatteten Handlungs-/ oder Interaktionsbefugnissen oder -möglichkeiten gelegt ist, die zu einer langfristigen Begünstigung oder Beeinträchtigung von Lebenschancen führen können, werden distributive Ungleichheiten nicht übergangen, sondern konzeptuell mitgedacht. Im nächsten Teilkapitel sollen zunächst die zentralen Differenzlinien aufgeführt werden, die im erziehungswissenschaftlichen Diskurs von Bedeutung sind.

2.2 Die erziehungswissenschaftliche Entdeckung der Differenz

Wie Mecheril und Plößer (2009, S. 195) beschreiben, ermöglichten einige intellektuelle Traditionen, die stets mit sozialen Bewegungen in Verbindung standen, die Integration von Macht und Ungleichheit in den erziehungswissenschaftlichen Differenzdiskurs. Beispielsweise kritisierte die interkulturelle oder feministische Pädagogik solche Perspektiven, die meinen, über das «Allgemeine» Aussagen treffen zu können, ohne die diesem inhärenten imaginären, aber durchaus machtvollen Vorstellungen von «Normalität» zu reflektieren und hinterfragen.

Aus der Sicht von Lutz und Wenning (2001, S. 13–14) lassen sich im Feld der Interkulturellen Pädagogik grob vier Strömungen ausmachen, die das Bewusstsein für soziale Divergenz, (Re-)Hierarchisierung und soziale Ausgrenzungsprozesse schärften: der «Gleichheitsdiskurs», die «Ontologisierung», die «De-Thematisierung» von Differenzen und der «Post-Strukturalismus». Die Diskurse um Differenz in diesen Forschungsbereichen stellten ebenfalls grundlegende Vorstellungen von Normalität in Frage und führten gleichzeitig zu einer Verschiebung des Blickwinkels von einer Defizit- zu einer Differenzorientierung. Ausgehend vom Klassenbegriff wurden im Zuge der Bildungsreformdebatte zusätzliche Differenzlinien hervorgehoben und weitere Feinanalysen vorgenommen. Lutz und Wenning (2001) unternahmen in der deutschsprachigen Literatur einen der ersten Versuche, eine umfassende Liste der zu berücksichtigenden Differenzlinien sowie der Herausforderungen bezüglich deren Anordnung, Gewichtung und Begriffsbildung zusammenzustellen. Die tabellarisch aufgelisteten 13 Differenzlinien, die als «normal» oder «abweichend» klassifiziert sind, wurden von Leiprecht und Lutz im Jahre 2005 erweitert und leicht abgewandelt (vgl. Abb. 2.1). Obschon die aufgelisteten Grunddualismen komplementär zu sein scheinen, funktionieren sie hierarchisch: «die linke Seite wird als Norm hantiert, die rechte als Abweichung» (Lutz & Wenning, 2001, S. 20).

Kategorie	**Grunddualismus**	
	dominierend	**dominiert**
Geschlecht	männlich	weiblich
Sexualität	heterosexuell	homosexuell
«Rasse» / Hautfarbe	weiß	schwarz
Ethnizität	dominante Gruppe = nicht ethnisch [markiert]	ethnische Minderheit [=] ethnisch [markiert]
Nation / Staat	Angehörige	Nicht-Angehörige
Klasse / Sozialstatus	‹oben› / etabliert	‹unten› / nicht etabliert
Religion	säkular	religiös
Sprache	überlegen	unterlegen
Kultur	‹zivilisert›	‹unzivilisiert›
‹Gesundheit› / ‹Behinderung›	‹ohne Behinderung› / gesund› (ohne besondere Bedürfnisse)	‹mit Behinderung› / ‹krank› (mit besonderen Bedürfnissen)
Generation	Erwachsene alt jung	Kinder jung alt
Sesshaftigkeit / Herkunft	sesshaft (angestammt)	nomadisch (zugewandert)
Besitz	reich / wohlhabend	arm
Nord – Süd / Ost - West	the West	the rest
Gesellschaftlicher Entwicklungsstand	modern (fortschrittlich) (entwickelt)	traditionell (rückständig) (nicht entwickelt)

Abbildung 2.1 Liste der 15 bipolaren hierarchischen Differenzlinien (Leiprecht & Lutz, 2005, S. 220)

Da diese Auflistung keine Angaben zu möglichen Anordnungen und Gewichtungen enthält und Differenzlinien mehrdeutig anzusiedeln sind, befürworten Lutz & Wenning (2001, S. 21) eine Anordnung nach drei Hauptlinien, die in einem wechselseitigen Verhältnis stehen:

- «Körperorientierte Differenzlinien: Geschlecht, Sexualität, ‹Rasse› / Hautfarbe, Ethnizität, Gesundheit, Alter
- (Sozial-)räumlich orientierte Differenzlinien: Klasse, Nation / Staat, Ethnizität, Sesshaftigkeit / Herkunft, Kultur, Nord-Süd / Ost-West
- Ökonomisch orientierte Differenzlinien: Klasse, Besitz, Nord-Süd / Ost-West, gesellschaftlicher Entwicklungsstand».

Diese Differenzlinien «bilden die Grundlage der Organisation moderner Gesellschaften, sie sind durch Spannungsverhältnisse gekennzeichnet, die sich unter bestimmten Umständen verändern können, aber nicht müssen» (Lutz & Wenning, 2001, S. 20). Sie sind dementsprechend miteinander verbunden, können sich gegenseitig verstärken und sind das Ergebnis sozialen Handelns (Lutz & Wenning, 2001, S. 21).

Eine dieser Differenzlinien – das Geschlecht – stand im Mittelpunkt der Studie von Candace West und Don Zimmerman (1987). Sie erforschten die historische Gewichtung der Differenzlinie Geschlecht, die unter bestimmten Machtverhältnissen herausgebildet wurde und trotz erfolgter Veränderungen so tradiert wurde und auch noch heute wird, als handle es sich um ‹natürliche› und damit scheinbar unveränderliche Merkmale. In Bezugnahme auf diese Mechanismen, die soziale Ungleichheit verursachen können, entwickelte das Autor*innenpaar das theoretische Konzept des *doing gender,* welches im nachstehenden Kapitel genauer erläutert wird. Die Bedeutung dieser Theorie für den Forschungsgegenstand der vorliegenden Arbeit sollte nicht unterschätzt werden, da nach Kampshoff (2000) zwischen der Institution Schule und dem Geschlecht ein dialektischer Zusammenhang besteht.

2.2.1 Doing gender

In ihrem klassisch gewordenen Aufsatz stellen West und Zimmermann 1987 die weit verbreitete Annahme in Frage, dass Geschlecht bzw. Geschlechtszugehörigkeit als ein angeborenes Merkmal von Menschen gelte. Sie tun dies von einem ethnomethodologischen Standpunkt aus und stützen sich dabei auf Studien von Harold Garfinkel (1967), Erving Goffman (1977) und Suzanne Kessler & Wendly McKenna (1978). Die Autor*innen vertreten die These, dass Geschlecht als aktive Her- und Darstellungsleistung zu betrachten und demnach als «a routine accomplishment embedded in everyday interaction» (West & Zimmermann, 1987, S. 125) zu verstehen ist.

Auch Forschungen jüngeren Datums, so etwa Katharina Walgenbach (2017, S. 589), teilen die Auffassung von West und Zimmermann, dass sich das Geschlecht eines Individuums aus einer Fülle routinierter, systematischer und wiederkehrender Tätigkeit bzw. Errungenschaft (accomplishment) konstituiert, die in sozialen Kontexten hervorgebracht wird und dazu beiträgt, gesellschaftliche Strukturen (Geschlechterverhältnisse) zu etablieren und aufrechtzuerhalten. Daraus kann gefolgert werden, dass West und Zimmermann (1987) mit dem *doing gender* Ansatz ein grundlegender Perspektivenwechsel in der Geschlechterforschung gelungen ist, indem sie den Schwerpunkt von der Unterscheidung zwischen Männern und Frauen per se auf die Art und Weise der Hervorbringung dieser Unterscheidung verlagerten. Im Gegensatz zur traditionellen soziologischen Unterscheidung zwischen *sex* und *gender*, die eine natürliche, in den

Individuen verankerte Unterscheidung postuliert und menschliches Handeln und Verhalten als gesellschaftliche Reaktion auf die ‹Natur› betrachtet, stellt der *doing gender* Ansatz von West und Zimmermann dieses Paradigma in Frage. Die Forschenden gehen davon aus, dass Geschlecht ein Produkt gesellschaftlicher Normen und alltäglicher Verhaltensweisen ist und nicht eine ‹natürliche›, vorbestimme Eigenschaft, mit der Menschen geboren werden oder die im Sozialisationsprozess entwickelt wurde (Walgenbach, 2017, S. 589). Das Geschlecht wird von den Individuen zwar hervorgebracht, sie tun dies jedoch stets in der imaginären, virtuellen oder realen Präsenz anderer Menschen und stützen ihre Handlungen dabei auf ihr Verständnis davon, was es bedeutet, sich in der jeweiligen Situation wie ein Mann oder eine Frau zu verhalten (Selbstreflexivität).

West und Zimmermann (1987) schlagen eine analytische Unterscheidung von *sex*, *sex category* und *gender* vor, um die konventionelle *sex-gender* Unterscheidung zu überwinden. Sie stützen sich dabei auf soziologische Studien über Transsexualität von Harold Garfinkel (1967) sowie Susan Kessler und Wendy McKenna (1978) und definieren die unterschiedlichen Analysekategorien wie folgt:

- *sex:* die Bestimmung des körperlichen Geschlechts mittels gesellschaftlich vereinbarter biologischer Merkmale (Chromosomen, Genitalien);
- *sex category*: die gesellschaftliche Einteilung von Menschen in eine Geschlechterkategorie (männlich oder weiblich). Diese Klassifizierung basiert auf der Geschlechterzugehörigkeit jedes Individuums, die im Alltag stets wieder identifizierbar gemacht werden muss. Diese Geschlechtsdarstellung muss nicht zwingend mit der Geburtsklassifikation (*sex*) übereinstimmen;
- *gender:* die Verifikation des Geschlechts im Rahmen von Interaktionen. Im Alltag müssen die Praktiken der Geschlechterinszenierung eines Individuums mit der in Anspruch genommenen Zuordnung zu einer Geschlechtskategorie übereinstimmen und demnach deren normativen Normen entsprechen und im gegebenen Kontext angemessen sein; «gender (…) is the activity of managing situated conduct in light of normative conceptions of attitudes and activities appropriate for one's sex category. Gender activities emerge from and bolster claims to membership in a sex category» (West & Zimmermann, 1987, S. 127).

Die analytische Trennung der oben beschriebenen drei Dimensionen ist relevant, um zu veranschaulichen, wie sie durch das Handeln der Menschen in einem wechselseitigen, reflexiven Zusammenhang zueinander stehen. Um einer Geschlechtskategorie (*sex category*) zugeordnet zu werden und die intersubjektive Wahrnehmung des eigenen Geschlechts (*gender*) bestätigt zu bekommen, muss zum einen jede Person ihre Geschlechtszugehörigkeit im interaktiven Alltagshandeln fortwährend verdeutlichen. Da die Angemessenheit der sozialen Repräsentation der Geschlechterkategorie jedoch nur innerhalb eines sozialen Rahmens bestätigt oder widerlegt werden kann, impliziert diese *accountability* zum anderen auch die Notwendigkeit, in einem ständigen Austausch mit anderen Personen zu stehen (Walgenbach, 2017, S. 592). In dieser Hinsicht entscheiden also die Interaktionen und der soziale Kontext und nicht das Verhalten einer Person darüber, ob sie ‹weiblich› oder ‹männlich› sei. Aus der Sicht von West und Zimmermann (1987, S. 136) bedeutet *doing gender* «to engage in behavior at the risk of gender assessment». Daraus folgern Gildemeister & Wetterer (2008, S. 138), dass *doing gender* nicht lediglich eine interaktive Konstruktion von Geschlecht ist, sondern stets auch eine Reproduktion von Wissen um Geschlecht. West und Zimmermann (1987, S. 137) schließen deshalb auf eine Omnirelevanz von Geschlecht im Alltag resp. sei «doing gender (...) unavoidable».

Diese unvermeidliche soziale Zuweisung zu einem Geschlecht anhand der Repräsentationsleistungen der Individuen und der interaktiven Interpretation dieser Repräsentationen steht in einem Zusammenhang mit der institutionellen Ebene einer Gesellschaft. Institutionelle Rahmenbedingungen, welche die soziale Kategorisierung nach Geschlecht in unserer Gesellschaft durch Verhaltensnormen und -erwartungen aufrechterhalten, erhalten ihre Legitimität durch die Prozesse der Geschlechterdarstellung und -interpretation. Deshalb ist es nicht verwunderlich, dass im täglichen Leben die zweigeschlechtliche Struktur oft als selbstverständlich angesehen wird. So existieren häufig vorgefasste Meinungen über das Verhalten oder Aussehen unseres Gegenübers, die auf dem wahrgenommenen Geschlecht dieser Person beruhen.

Der *doing gender* Ansatz fand in sozialwissenschaftlichen Kreisen großen Anklang, stieß aber auch auf einigen Widerstand. Einerseits wurde er wegen der Beschränkung auf die mikrosoziologische Ebene der Interaktion und der situativen Produktion von Differenz kritisiert. Die Stabilität der Geschlechterkategorie, die durch gesellschaftliche Institutionen und Prozesse fortan reproduziert wird, bleibe durch den Fokus auf den situationsbezogenen Konstruktionsleistungen vernachlässigt, argumentieren beispielsweise Vertreter*innen der feministischen Gesellschaftstheorie (vgl. Kubisch, 2008, S. 19).

Die Unterscheidung zwischen einer makro- und einer mikrosoziologischen Perspektive auf die Thematik der sozialen Differenz wird an verschiedenen Stellen der vorliegenden Arbeit erneut eine Rolle spielen. Problematisch am *doing gender* Ansatz ist zudem die ethnomethodologische Annahme der Omnirelevanz und -präsenz der Geschlechterzugehörigkeit. Indem die Forschenden die duale Geschlechterklassifikation als gegebenen Ausgangspunkt für ihre Untersuchungen verwenden, halten sie die Stabilität der Zweigeschlechtlichkeit aufrecht und reproduzieren diese. Dieser Kritik kommt gemäß Gildemeister & Hedricks (2012) angesichts der Vielfalt, in der sich Geschlechtertrennungen historisch und kulturell manifestieren, eine hohe Bedeutung zu. Zu Beginn der 1990er-Jahre rückten auch poststrukturalistische und diskurstheoretische Ansätze diese Sichtweise der ‹Denaturalisierung› von Geschlecht in den Fokus (vgl. Butler, 1990; Hirschauer, 1994). Die Unterstellung von macht- und makrostrukturtheoretischen Defiziten sowie das wachsende Kontingenzbewusstsein von sozialen Konstruktionen bewegten Fenstermaker und West im Jahre 1995 zu einer theoretischen Weiterentwicklung des *doing gender* Konzepts zum *doing difference.* Dieser Ansatz bezieht nebst dem Geschlecht auch andere soziale Kategorien ein, mit denen soziale Ungleichheit erklärt werden kann, und wird im nächsten Kapitel eingehend beschrieben.

2.2.2 Doing difference

Der *doing difference* Ansatz ist eine Erweiterung des Konzeptes des *doing gender* von West und Zimmermann (1987). Hierbei übertragen Fenstermaker und West (1995) ihre Geschlechterforschungsexpertise auf die Kategorien *‹race›* und *class.* Mit der Untersuchung alltäglicher kultureller Praktiken versuchen sie die Herstellungsmodalitäten dieser Kategorien ins Zentrum der Analyse zu rücken und dabei Mechanismen offenzulegen, durch welche in westlichen Gesellschaften Macht ausgeübt und Ungleichheit hergestellt wird. Sie beabsichtigen in ihrem Beitrag für die Kategorien *‹race›*, *class* und *gender* – und insbesondere für deren Zusammenspiel – ein neues Verständnis von Differenz zu schaffen: als «ongoing interactional accomplishment» (Fenstermaker & West, 1995a, S. 8). Die Forscherinnen erneuern die Kritik, dass soziale Kategorisierungen nicht einfach ‹natürlich› gegeben sind, sondern in Interaktionsprozessen fortlaufend hervorgebracht, abgewandelt oder neutralisiert werden. Ihrer Auffassung nach ist soziale Differenz, wie beispielsweise Geschlecht, als ein «emergent property of social situations» (Fenstermaker & West, 1995a, S. 9) zu betrachten. Trotz der Tatsache, dass alle Kategorien sozialer Unterscheidung jeweils einzigartige Merkmale und Auswirkungen aufweisen, können sie alle als «both an outcome of and a rationale for various social arrangements and a means of justifying one of the most fundamental divisions of society» (Fenstermaker & West, 1995a, S. 9) verstanden werden. Die Ausführungen von Fenstermaker und West (1995a) beginnen mit einer Kritik an früheren Auslegungen von *‹race›*, *class* und *gender*, wie sie im feministischen Denken zu finden sind. Die Tatsache, dass es bisher innerhalb der feministischen Studien nicht gelang, eine fundierte Theorie zu ‹*race*› und *class* aufzustellen, sei größtenteils auf deren Mittelschichtsorientierung zurückzuführen. Die Autorinnen weisen auch darauf hin, dass die mathematischen Analogien, die häufig zur Beschreibung des Zusammenwirkens von *gender*, ‹*race*› und *class* verwendet werden, unzureichend sind. Dies habe damit zu tun, dass diese ‹Metaphern› auf der Vorstellung beruhen, dass die drei Dimensionen klar voneinander getrennt betrachtet und nicht gleichzeitig erlebt werden können. Fenstermaker und West argumentieren dagegen: «no person can experience gender without simultaneously experiencing race and class» (Fenstermaker & West, 1995a, S. 13). Sie übertragen demnach ihre Annahme der Omnirelevanz der Differenzkategorisierung, die sie schon im Zuge des *doing gender* Konzepts postulierten, auf die Kategorien ‹*race*› und *class* (Kubisch, 2008, S. 30). In dieser Auffassung der Gleichzeitigkeit des Erlebens der Dimensionen – wie beispielsweise der «white upper- and middle class woman» – verlagert sich der Fokus von den einzelnen Kategorien auf den Prozess der Herstellung von Differenz an sich (West & Fenstermaker, 1995a, S. 15).

Die Forschenden betonen, dass es sich bei der Herstellung von ‹*race*›, *class* und *gender* um simultane Prozesse handelt, wobei die Bedeutsamkeit der jeweiligen Differenzkategorien nach Interaktionskontext variieren kann. Je nach Interaktionsrahmen können bestimmte Kategorien an Relevanz gewinnen oder verlieren. *Class*, ‹*race*› und *gender* sind dynamische und miteinander verknüpfte Hervorbringungen, die ihre tatsächliche Bedeutung erst durch zwischenmenschliche Interaktion erhalten (Fenstermaker & West, 2001, S. 238). Obschon die Herstellungsmodalitäten der einzelnen Differenzkategorien sehr verschieden sind und ihnen je nach Kontext unterschiedliche Bedeutung zukommt, werden sie durch identische Interaktionsmechanismen hervorgebracht. Indem der mikroanalytische Ansatz des *doing difference* den Schwerpunkt auf die Verknüpfung miteinander verbundener Interaktionen bzw. Handlungen legt, wird er den oben erläuterten Gegebenheiten gerecht. Fenstermaker und West gehen davon aus, dass sich *class*, ‹*race*› und *gender* gegenseitig beeinflussen und den Bezugsrahmen der jeweils anderen Kategorien schaffen. Sie heben dabei hervor, dass Menschen ihr Verhalten stets an normativen Erwartungen ausrichten müssen, was sie mit dem Begriff *accountability* beschreiben:

> «Wir alle sind in bestimmten Gruppen, Institutionen und Beziehungen verortet und unser Handeln wird von uns selbst und von den anderen auf der Basis von klassen-, ethnie- und geschlechtsspezifischen Erwartungen beurteilt und verständlich gemacht (‹accountable›)» (Fenstermaker & West, 2001, S. 238).

Die Grundlage für die *accountability* wiederum bilden Wissen und Erfahrungen aus früheren Interaktionen, die sich zu einer historischen und institutionellen Praxis herausgebildet haben. In dieser Handlungspraxis werden die Erzeugung sozialer Differenzlinien und die darin verankerte soziale Ungleichheit durch die Art und Weise bestätigt, naturalisiert und reproduziert, wie wir unser Denken und Verhalten als Reaktion auf ‹natürliche› Erwartungen ausrichten. Demzufolge sind nach Fenstermaker und West (1995a) nebst dem Geschlecht auch *‹race›* und *class* Ergebnisse einer situierten Hervorbringung, in der soziale Akteur*innen ihre Handlungen mit den gesellschaftlichen Normen hinsichtlich der jeweiligen Kategorie in Einklang bringen. Da in Interaktionen ethnische, klassen- und geschlechtsspezifische Unterschiede fortan aktiv hergestellt werden, erscheint die daraus resultierende soziale Ordnung als ‹natürlich› und ‹normal›. *Doing difference* ist damit ein zirkulärer Prozess zwischen Protagonist*innen und Betrachter*innen. Unterschiede zwischen Menschen entstehen demnach erst durch bewusstes Handeln der Individuen und hängen daher vom soziokulturellen Umfeld, in dem sie auftreten, sowie von historischen Ereignissen ab. Folglich werden auf diese Weise nicht nur ‹natürliche› Unterschiede zwischen den Menschen hergestellt, sondern auch Ungleichheiten, die auf diesen Unterschieden beruhen, bis zu einem gewissen Grad aufrechterhalten und naturalisiert (Fenstermaker & West, 2001, S. 238).

Es ist ein Verdienst von West & Zimmermann (1987) und Fenstermaker & West (1995a), dass sie die Verbindung zwischen Interaktionen, sozialen Praktiken, Institutionen und sozialen Kategorien hervorheben. Sie zeigen deutlich, dass Prozesse der Hervorbringung sozialer Kategorien nicht zufällig vonstattengehen, sondern normativen Standards entsprechen müssen. Ihr Anspruch, den theoretischen Zusammenhang von Mikro-, Meso- und Makroebene darzulegen, erntete in den Sozialwissenschaften sowohl positive Resonanz als auch scharfe Kritik. Im Mittelpunkt der Kritik standen die grundlegenden Annahmen zur Omnirelevanz der Differenzkategorien *gender*, *‹race›* und *class* sowie deren Gleichursprünglichkeit von Differenzierung und Hierarchisierung (vgl. Kubisch, 2008, S. 42). Die Autor*innen des «Symposium: On West and Fenstermaker's ‹Doing Difference›» (Collins et al., 1995) bemängelten vor allem die Beschränkung des *doing difference* Ansatzes auf dessen situative Konstruktion sozialer Ungleichheiten. Problematisch ist dabei die Prämisse, dass die fortwährende Hervorbringung von *‹race›*, *class* und *gender* den Ausgangspunkt für die Erklärung sozialer Ungleichheit bildet. Gesellschaftliche Strukturen sozialer Ungleichheit und bestehende Machtverhältnisse werden dadurch ausgeblendet, dass die Forschenden nicht von einem dialektischen Zusammenhang zwischen sozialen Strukturen und Interaktionen ausgehen, sondern sich auf die mikrosoziologische Ebene der Interaktion konzentrieren. Im gleichen Sinn argumentieren Collins und Kolleg*innen (1995), dass die Definition des *doing difference* als Ursprung sozialer Ungerechtigkeit und als alleinige Erklärung für die Dauer und Stabilität von Differenzierungs- und Hierarchisierungsprozesse zu kurz greife. Der historisch-soziokulturelle Kontext, in dem sich die Herausbildung von Differenz immer vollzieht, werde von Fenstermaker und Wests ethnomethodologischem Standpunkt aus völlig außer Acht gelassen. Verkürzt erscheint der *doing difference* Ansatz besonders aufgrund der Ausblendung historischer Strukturen sozialer Ungleichheit bei der Konzeptualisierung der Differenzkategorie *class*, die aktuelle ökonomische Gegebenheiten und somit Ergebnissen früherer Differenzierungsprozesse nicht angemessen widerspiegelt. «After all, it is hard to discuss global capitalist markets as performances and representations» (Collins et al., 1995, S. 493). Fenstermaker und West wird zudem vorgeworfen, die jeweiligen Charakteristiken der Kategorien ‹*race*› und *class* ignoriert und lediglich die aus der Untersuchung der Kategorie *gender* gewonnenen Erkenntnisse auf die beiden anderen Kategorien übertragen zu haben. Es erscheint nicht plausibel, weshalb genau diese drei Differenzkategorien für die Entstehung sozialer Ungleichheit bedeutsam sind und bleibt unklar, unter welchen spezifischen Bedingungen die drei Kategorien ins Spiel kommen.

Zusammenfassend kann man Fenstermaker und West vorwerfen, dass es ihnen nicht gelungen ist, die mikro- und makrosoziologischen Perspektiven zu vereinen, um die Ursachen sozialer Ungleichheit zu erklären. So ist Kubisch (2008, S. 42) zuzustimmen, die darlegt, dass die Autorinnen deswegen die Aufrechterhaltung und Kontinuität von sozialen Differenzierungs- und Hierarchisierungskonstruktionen nicht zu erklären vermögen.

Fenstermaker und West (1995b, 2001) versuchten in mehreren Repliken die dargelegten Vorwürfe gegen ihre Differenztheorie zu entkräften. Sie führen an, dass ihre Kritiker*innen keinen Unterschied zwischen dem Prozess der Herstellung von Ungleichheit und dem daraus resultierenden Ergebnis machen würden. Durch ihre vorgenommene Akzentuierung des situativen und dynamischen Herstellungsprozesses von Ungleichheit, würden sie dessen machtvolle Konsequenzen weder bestreiten noch verharmlosen (Fenstermaker & West, 2001, S. 241). Des Weiteren verweisen die Autorinnen darauf, dass alles, was Individuen aktiv tun, stets in Institutionen eingebunden sei resp. sich zu einer institutionellen Praxis herausbilden könne (Fenstermaker & West, 2001, S. 238). Strukturelle Faktoren sozialer Ungleichheit seien demnach mit den sozialen Interaktionen und Handlungen der Menschen verknüpft, jedoch gehen Fenstermaker und West (1995b, S. 507) nicht von einer wechselseitigen Beeinflussung aus und sehen *doing difference* als Auslöser von sozialer Ungleichheit, der zu rassistischen und sexistischen Strukturen führe. Sie betonen die Kontextspezifität ihres Ansatzes, die über eine eher einseitige Interpretation von sozialer Ungleichheit nicht hinauszuweisen vermag. Aus diesem Grund müsste der Ansatz um die Berücksichtigung und Analyse historischer und materieller Gesichtspunkte erweitert werden. Die Autorinnen räumen in ihren Repliken zugleich einige theoretische Unklarheiten ein und betonen die Kontingenz des *doing difference* Ansatzes. Die Relevanz von Unterscheidungen wird interaktiv ausgehandelt und erst dadurch, dass Einzelhandlungen und -interpretationen miteinander in Verbindung gebracht werden, konstituieren sich gemeinsame Bedeutungen. Seit den 1990er-Jahren stehen die Verschränkungen zwischen Ungleichheit schaffenden Aspekten auch unter dem Begriff der Intersektionalität im Zentrum poststrukturalistischer Ansätze. Wie West und Fenstermaker kritisieren auch die Vertreter*innen des intersektionalen Konzepts (vgl. Winker & Degele, 2009) die Dominantsetzung *einer* Ungleichheitskategorie und weisen darauf hin, nicht nur die Reichweite einer Differenzlinie zu betrachten, sondern die Überschneidung und Simultanität verschiedener Unterscheidungskategorien in den Blickpunkt zu rücken.

2.3 Intersektionalitätsansatz

Die Erfahrungen Schwarzer Frauen, die im Feminismus westlicher Weißer Frauen aus der Mittelschicht nicht zum Ausdruck gebracht wurden, stellen die historischen Grundlagen der Intersektionalitätsdebatte dar. Die US-amerikanische Juristin Kimberlé Crenshaw formulierte 1989 in ihrem Aufsatz eine weitreichende Kritik am geltenden Antidiskriminierungsgesetz. Sie nahm dabei die Überschneidung von Rassismus und Sexismus in den Fokus in Bezug auf Diskriminierungspraktiken von Firmen in den USA. Sie arbeitete anhand mehrerer Gerichtsentscheide Mechanismen heraus, welche die gleichzeitige Benachteiligung von Schwarzen Frauen bezüglich ihrer ‹*race*› wie auch ihrem *gender* wechselseitig ausblendeten. Da sowohl die feministische Theorie als auch die antirassistische politische Rhetorik auf einer diskreten Reihe von Erfahrungen beruhen, die das Verhältnis von ‹*race*› und *gender* häufig nicht vollständig widerspiegeln, werden Schwarze Frauen Crenshaws (1989) Argumentation nach gelegentlich von diesen Diskursen ausgeschlossen. Die Probleme der Ausgrenzung lassen sich nicht dadurch lösen, dass Schwarze Frauen einfach in einen etablierten analytischen Rahmen einbezogen werden. Die Autorin benutzte die

Metapher einer Verkehrskreuzung, um zu zeigen, wie diese Ungleichheiten überhaupt miteinander verbunden sind. An dieser Kreuzung kreuzen, überlappen und überschneiden sich die Wege der Macht.

> «Consider an analogy to traffic in an intersection, coming and going in all four directions. Discrimination, like traffic through an intersection, may flow in one direction, and it may flow in another. If an accident happens in an intersection, it can be caused by cars traveling from any number of directions and, sometimes, from all of them. Similarly, if a Black woman is harmed because she is in the intersection, her injury could result from sex discrimination or race discrimination» (Crenshaw, 1989, S. 149).

Gemäß Ausführungen von Crenshaw bedeutet Intersektionalität, dass die verschiedenen Arten von Diskriminierung miteinander interagieren und sich dadurch neue Formen der Diskriminierung bilden können. Dieses Denken von Mehrfachdiskriminierungen steht im Kontrast zu Zugangsweisen, die das Wirken von Differenzlinien isoliert ansehen oder das Zusammenwirken von Differenzlinien additiv auffassen.

Während der Intersektionalitätsansatz zu Beginn das Augenmerk auf Schwarze Frauen legte, widmeten sich vielfältige Weiterentwicklungen der Frage, ob das Konzept auch auf andere Ungleichheitsdimensionen ausgeweitet werden solle oder nicht. Bis heute besteht in der Intersektionalitätsforschung keine Einigkeit darüber, welche Differenzkategorien in den Diskurs einbezogen werden sollten (vgl. Winker & Degele, 2009). Die an der Diskussion Beteiligten sind sich trotz der Diskrepanzen der verschiedenen Meinungen und Konzepte einig, dass Menschen in vielerlei Hinsicht «unterschiedlich verschieden» sind. Auch wenn die Anzahl der in der Literatur aufgeführten Differenzlinien unabgeschlossen ist (vgl. Leiprecht & Lutz, 2005), geht es nicht primär um die Anzahl, sondern um die Anordnung und Gewichtung der Differenzmerkmale. Sollten alle Differenzen gleich gewichtet resp. auf derselben Ebene angesiedelt werden? Oder gibt es sogenannte ‹Masterkategorien›, die anderen Differenzkategorien übergeordnet sind? Konsens besteht darin, dass sich Differenzen je nach Machtkonstellationen zu Ungleichheiten entwickeln können, die für Einige zu Diskriminierung oder Ausgrenzung führen können, für Andere aber auch Akzeptanz oder Privilegien, d. h. Vorteile, mit sich bringen können (Krüger-Potratz, 2011, S. 194–195).

Die Entstehung von (Macht-)Dynamiken, die sich aus dem Zusammenspiel verschiedener Differenzlinien ergeben können, sind von aktuellem wissenschaftlichem Interesse innerhalb der Intersektionalitätsforschung. Die Analyse beschäftigt sich nicht nur mit verschiedenen Differenzkategorien, sondern auch mit der Art und Weise, wie sie miteinander interagieren und den Platz eines Individuums im sozialen Raum bestimmen. So verstehen Winker und Degele (2009, S. 15) Intersektionalität als «kontextspezifische, gegenstandsbezogene und an sozialen Prozessen ansetzende Wechselwirkungen ungleichheitsgenerierender sozialer Strukturen (d. h. von Herrschaftsverhältnissen), symbolischer Repräsentationen und Identitätskonstruktionen». In diesem Mehrebenenansatz werden – wie bei West und Fenstermaker (1995a) – die Einzelnen nicht als passive ‹Opfer›, sondern aufgrund von Verschränkungen ebenfalls als Mitgestalter*innen angesehen.

Die Beschränkung auf die Benachteiligung bzw. Diskriminierung ist ein Aspekt, mit dem sich Vertreter*innen des intersektionalen Ansatzes oft konfrontiert sehen. Kritik wird zudem an der ontologischen Essentialisierung von Gruppen durch starre, allgemeingültige und hierarchisch angeordnete Differenzkategorien geübt. Jürgen Budde (2013) wirft dem Intersektionalitätsansatz vor, dass ihm ein klarer Machtbegriff auf der Mikroebene fehle. Des Weiteren gehe die Ambiguität und die Unvollständigkeit intersektionaler Ansätze mit Problemen der empirischen Umsetzung einher. Winker und Degele (2009) erkennen an, dass die empirische intersektionale Mehrebenenanalyse eine große Herausforderung darstellt. Sie schlagen zur Untersuchung der sozialen Praktiken und der immanenten Differenzkategorien auf den drei oben skizzierten Ebenen sowie deren Überlagerungen und Verknüpfungen ein praxeologisches Vorgehen in acht methodischen Schritten vor.

Trotz der theoretischen Widersprüche intersektionaler Konzepte besteht Einigkeit über die Multidimensionalität und Kontingenz von differenzkonstruierenden Prozessen. Im deutschsprachigen Raum hat sich Stefan Hirschauer (2014, S. 173) näher mit der Konkurrenz und Temporalität sozialer Zugehörigkeiten befasst und versucht «einen analytischen Rahmen zu entwickeln, der für die Multidimensionalität und Kontingenz der Kategorisierungen des Personals der Gesellschaft offen ist». Seine zentrale Forschungsprämisse wird im folgenden Kapitel beleuchtet.

2.4 Die de-konstruktivistische Sicht auf Differenz

Hirschauer (1994) beschäftigt sich mit der von West und Zimmermann (1987, S. 137) aufgestellten Frage «Can we ever not do gender?» und hinterfragt dabei die Omnipräsenz der Geschlechterdifferenzierungen. Er wendet ein, dass in der ethnomethodologischen Perspektivierung des *doing gender* sowie auch des *doing difference* den unterschiedlichen «*Formen* der Zugehörigkeit» (Hirschauer, 2014, S. 180, Herv. i. O.) und der zeitlichen Komponente von Kategorisierungen nicht Rechnung getragen wird. West und Fenstermakers Grundannahme des «*praktischen Tuns* von Zugehörigkeiten und Differenzen» (Hirschauer, 2014, S. 182, Herv. i. O.) lege nahe, dass dieses Tun auch abgebrochen werden oder ganz ausbleiben könne. Der Autor beschreibt diese Diskontinuität der Differenzherstellung als *undoing difference.* Während die interaktive Aushandlung von Differenzen und deren spezifische Relevanz zwischen Subjekten beobachtbar sei, ließe sich nicht erkennen, wie diese Prozesse auch miteinander konkurrieren. Demnach reicht es nicht aus, eine Kategorisierung festzustellen; ausschlaggebend ist vielmehr, ob diese Unterscheidung in späteren sozialen Kontexten aufrechterhalten wird oder durch Neutralisierungsprozesse in den Hintergrund rückt. Erst in der zeitlichen Abfolge und dadurch, dass Unterscheidungen aufeinander bezogen werden, wird soziale Relevanz hervorgebracht. So können je nach Situation soziale Kategorisierungen abgebrochen und Zugehörigkeiten eingestellt werden. Hirschauer (2014, S. 183, Herv. i. O.) schlägt im Lichte dieser Temporalität und Kontingenz von Unterscheidungen vor, *doing difference* als «sinnhafte *Selektion* aus einem Set *konkurrierender* Kategorisierungen, die einen Unterschied schafft, der einen Unterschied macht», aufzufassen. Solche Relevanzkonjunkturen einer Unterscheidung hängen vom jeweiligen historischen, biografischen und kontextuellen Hintergrund ab. Hirschauer lehnt sich damit an den Intersektionalitätsansatz (vgl. Winker & Degele, 2009) an und führt aus, dass Differenzierungen sich nicht nur mit anderen Differenzen überlagern, sondern sich in sozialen Prozessen auch verstärken oder abschwächen können. Infolgedessen können Kategorisierungen in gewissen Situationen inaktiv werden und unter anderen Unterscheidungen begraben werden, was sich als «*Indifferenz* von Differenzen» (Hirschauer, 2014, S. 183, Herv. i. O.) bezeichnen ließe. Ein solcher Ruhezustand von Unterscheidungen lässt sich empirisch kaum beobachten. Nur die Phase der Unterscheidungsnegation, des *undoing difference,* d. h. des «Ungeschehen-Machens einer Differenz» (Hirschauer, 2014, S. 183) kann empirisch festgehalten werden.

Hirschauers Perspektive auf Differenzmechanismen veranschaulicht, wie sich kontextuelle, biografische und zeitliche Bezugsrahmen gegenseitig beeinflussen können. Neben den zahlreichen Mechanismen und Wechselwirkungen, die zu ‹Humandifferenzierungen› beitragen, wirken auch kulturelle Rahmenbedingungen und Institutionalisierungsgrade in verschiedenen gesellschaftlichen Bereichen auf die Stabilität oder Kontingenz der Differenzierungen ein.

Eine Differenz, wie z. B. schulische Leistung, wird sich in «*Aggregatzuständen des Kulturellen*» (Hirschauer, 2014, S. 187, Herv. i. O.) auf unterschiedliche Weise manifestieren oder verschwinden, je nachdem, ob sie als Disposition (Naturalisierung) oder als Anstrengung (Kulturalisierung) wahrgenommen werde. Diese Aggregatzustände umfassen nach Hirschauer «*sprachliche Strukturen*», *«kognitive Schemata»*, *«situierte Praktiken»*, «das Spektrum dauerhafter *institutioneller Infrastrukturen»* sowie Elemente der *«materiellen Kultur»* (Hirschauer, 2014, S. 187, Herv. i. O.) und sind in der Lage, einander wie auch die zeitliche Achse zu überlagern. Zu Recht hebt Hirschauer hervor, dass es zur vollständigen Erfassung von sozialer Ungleichheit von entscheidender Bedeutung ist, die Mehrdimensionalität und Kontingenz der Differenzierungsmechanismen in die Analyse mit einzubeziehen.

Die vorliegende Arbeit nimmt das gesellschaftliche Feld der Schule in den Blick und erforscht, wie sich Differenzierungspraktiken im pädagogischen Alltag zeigen, inwieweit sie sich aufschichten und zu ungleichen Bildungschancen beitragen. Im Folgenden wird der Begriff der Bildungsungleichheit skizziert und ein zeitlicher Überblick über den Diskurs über Differenzierung im Bildungswesen gegeben. Darüber hinaus wird ein kurzer Abriss über die Schwierigkeiten bei der Durchführung von Forschungsarbeiten zu Bildungsdisparitäten formuliert.

2.5 Der Umgang mit Differenz und Gleichheit in der schulischen Bildung

2.5.1 Entwicklung der Ungleichheitsforschung in den Erziehungswissenschaften

In der Bildungspolitik und -forschung ist die Frage des Umgangs mit Differenz und Vielfalt ein essenzielles Diskussionsthema. Die in Abschnitt 2.2 beschriebene Debatte der Differenzlinien geht nach Krüger-Potratz und Lutz (2002) auf die zweite Hälfte des 18. Jahrhunderts zurück. Die Lebenslagen wurden in dieser Zeit durch den demografischen Wandel und den Beginn der industriellen Revolution immer einzigartiger und vielfältiger. Mit dem Fortschreiten der Moderne strebten die Menschen mehr und mehr danach, ihr Leben selbst in die Hand zu nehmen, was sich nachhaltig auf das Schulwesen auswirkte. Die Aufklärung sowie die Reforminitiativen von Jean-Jacques Rousseau und Johann Heinrich Pestalozzi ermöglichten eine neue, ganzheitliche Bildungsperspektive, welche die Selbstentfaltung des Einzelnen in den Vordergrund stellte. Obwohl mit den Landschulverordnungen des 17. und 18. Jahrhunderts in verschiedenen Kantonen der Schweiz erstmals eine Unterrichtspflicht eingeführt wurde (Criblez, 2017), gab es je nach Standes- und Geschlechterzugehörigkeit strenge Einschränkungen für den Schulbesuch. Die schulische Laufbahn eines Kindes war bereits aufgrund seines Geschlechts und der Klasse, in die es hineingeboren wurde, vorbestimmt. So wurde beispielsweise ein Bauernkind, das hohe schulische Leistungen erbrachte, von der höheren Bildung ausgeschlossen, da diese der wohlhabenden Klasse vorbehalten war. Dieses soziale Ungleichgewicht wurde gemäß Brake & Büchner (2012) als eine von der ‹Natur› oder vom Willen Gottes bestimmte Tatsache angesehen. Der Verlust von universell gültigen Werten und Normen durch die Ausdifferenzierung verschiedener Wissenschaften führte nach Foucault (2019) zu einem Trend hin zu Vielfalt und Differenzierung.

Die Postmoderne brachte daher eine Pluralisierung von Lebenswelten, Denk- und Verhaltensmustern mit sich. Die daraus resultierende Erkenntnis der «radikalen Pluralität», d. h. der unausweichlichen Begegnung mit verschiedenen «Wissensformen, Lebensentwürfen, Handlungsmuster» (Welsch, 1991, S. 5), löste in den 1950er-Jahren Debatten über Bildungsreformen und kontroverse gesellschaftliche Auseinandersetzungen über die soziale Selektivität von Bildung aus. Ziel der Bildungsreform war es, eine Ausdehnung des Bildungswesens voranzutreiben und einen gleichberechtigten Zugang zu Bildung zu gewährleisten. Zahlreiche sozialwissenschaftliche Untersuchungen zeigten jedoch, dass ungeachtet des ambitionierten Ausbaus der Bildungswege und der schichtspezifischen Nivellierung der Bildungschancen, soziale Ungleichheit durch Bildung immer noch systematisch verstärkt wurde (vgl. Krüger-Potratz & Lutz, 2002). So nahmen sich Pierre Bourdieu und Jean-Claude Passeron in 1971 des angeblich meritokratischen Bildungswesens an und rekonstruierten, dass eher die strukturellen Mechanismen des Bildungssystems als die Fähigkeiten und Anstrengungen der Schüler*innen für deren Bildungserfolg verantwortlich gemacht werden können. Auch wenn die Schule nun unter dem Grundsatz der Chancengleichheit allen Lernenden die gleichen Bedingungen garantierte, trug diese Missachtung der Vielfalt zur Aufrechterhaltung der Bildungsungerechtigkeit bei. Die Bildungsreformen brachten zwar die Öffnung und Ermöglichung von Teilhabe an Bildung mit sich, verschleierten aber die Tatsache, dass begünstigte Lernende vom «gleichen Wettbewerb unter Ungleichen» (Mecheril & Plößer, 2009, S. 197) profitierten und unterprivilegierte Schüler*innen unter dieser angeblichen Gleichberechtigung Nachteile ertrugen. Erst unterschiedliche soziale Bewegungen der 1990er-Jahre (z. B. der Feminismus) forderten einen Perspektivenwechsel im Umgang mit Heterogenität.

In der Erkenntnis, dass die Gleichbehandlung von Schüler*innen angesichts bestehender Unterschiede und ungleicher Startbedingungen Benachteiligungen begünstigt, vollzog sich ein Wandel von der Ausblendung zur Anerkennung von Differenzen im Bildungswesen. Diese Blickveränderung führte zu einem neuen Pluralitätsbewusstsein, dass die im System Schule verankerten, gesellschaftlichen Machtverhältnisse reflektiert. Die Maxime der Chancengerechtigkeit und die

Forderung, die unterschiedlichen Voraussetzungen der Schüler*innen zu berücksichtigen, traten an die Stelle der Idee der Chancengleichheit. Die bedeutsamen Unterschiede zwischen den Lernenden wurden fortan nicht mehr als Defizite, sondern als Differenzen angesehen (Mecheril & Plößer, 2009). Diese Auffassung der radikalen Pluralität wurde von Annedore Prengel 1993 zur Pädagogik der Vielfalt weiterentwickelt. Ihr pädagogisches Konzept setzt am Gedanken an, «dass Unterstützung, Stärkung und Teilhabe in und mittels Pädagogik die Unterschiedlichkeit von kulturellen, lingualen und identitätsbildenden Disponiertheiten der pädagogischen Gegenüber berücksichtigen müssen» (Mecheril & Plößer, 2009, S. 199). Entgegen dieser und anderer tiefgehender pädagogischer Bemühungen sowie der Verabschiedung bildungspolitischer Maßnahmen bleibt die Wirksamkeit sozialer Differenzierungs- und Diskriminierungsprozesse im schulischen Kontext weiterhin bestehen. So beschreibt Winfried Kronig (2011) Bildung als ambivalenten Begriff. Darunter kann nämlich sowohl der Erwerb von begehrten Bildungstiteln als auch das Erreichen wichtiger Bildungsziele verstanden werden. Systematische Untersuchungen der Praxis zeigen, dass es sich dabei um kontroverse Zielsetzungen handelt und in ausgewählten schulischen Situationen die beiden Bildungsbegriffe sogar konträr zueinanderstehen können. Gemäß Kronig (2011) zeigen diverse Studien, dass gute schulische Leistungen nicht automatisch mit dem Erlangen guter Bildungstitel einhergehen. Der Wohnort oder die soziale Herkunft haben einen größeren Einfluss auf die Bildungslaufbahn, werden jedoch unter Berufung auf das Leistungsprinzip in Leistungsheterogenität überführt. Leistungsheterogenität hilft dem Bildungssystem bei der Zuweisung der Lernenden zu den verschiedenen hierarchischen Schulzweigen mit unterschiedlich wichtigen Bildungsabschlüssen. Daraus lässt sich ableiten, dass die Schüler*innen in einem fortlaufenden Wettbewerb zueinanderstehen. Kronig geht davon aus, dass das Ziel der Schule darin besteht, nach und nach Unterschiede zwischen den Individuen zu generieren resp. sie in gute und schlechte Schüler*innen einzuteilen.

Wie in Abschnitt 2.2 dargelegt, setzen sich heutzutage insbesondere ethnomethodologische Untersuchungen mit der Erforschung der Dauerhaftigkeit und der Entstehungsprozesse von erziehungswissenschaftlicher Differenz auseinander.

2.5.2 Herausforderungen im Umgang mit Differenz

Die aktive Beteiligung der Individuen am Aufbau von Differenz- und Ungleichheitsverhältnissen ist eine zentrale Erkenntnis der sozialkonstruktivistischen Sichtweise auf Differenz. Die Perspektive betrachtet soziale Ungleichheit und

Differenz als soziale Konstrukte und nicht als vorbestimmte Eigenschaften. Folglich muss das, was anerkannt werden soll, erst bewusst in sozialen Interaktionen hergestellt werden, wodurch sich die Forderungen für einen anerkennenden Umgang mit Differenz ändern. Anders ausgedrückt: Die (Re-)Produktion von Unterschieden ist immer auch mit deren Anerkennung verbunden. Insbesondere die de-konstruktive Differenzforschung hat sich mit dieser problematischen Konsequenz auseinandergesetzt. Dieser Ansatz steht jedoch insofern in der Kritik, als er von der Unbestimmbarkeit und Fluidität von Identitätskategorien und Ordnungsschemata ausgehe und nicht in der Lage sei, die anhaltenden Auswirkungen sozialer Ungleichheiten zu erklären. Damit Menschen im Alltag handlungsfähig sind und die etablierten Ordnungssysteme überhaupt kritisieren können, ist es nach Mecheril und Plößer (2009) entscheidend, dass sich Individuen auf gesellschaftlich anerkannte Identifikationskategorien beziehen können.

Im Bildungskontext kommt das im Umgang mit Differenz inhärente Dilemma von affirmativen und transformativen Standpunkten ebenfalls ausgeprägt zum Vorschein. Die Ignoranz bereits bestehender Unterschiede führt einerseits zur (Re-)Produktion von Ungleichheiten. Andererseits werden durch die Beachtung der Unterschiede Machtverhältnisse in zweifacher Weise hervorgebracht. Die Anerkennung der Unterschiede zwischen den Schüler*innen markiert diese gleichzeitig als *Andere* und bestätigt ihnen einen unzulänglichen Status innerhalb der Sozialordnung. Die Vertreter*innen der de-konstruktiven Perspektive auf Differenz widersetzen sich einheitlichen, feststehenden und klar bestimmbaren Identitäten und plädieren für einen flexibleren und ambivalenten Umgang mit Vielfalt. Die Kritiker*innen dieses Ansatzes markieren diesen als affirmativ und führen die realen Auswirkungen der bereits bestehenden Differenzordnungen als Argument an. Sie warnen von den wirkmächtigen Folgen wie Diskriminierungen, Ungerechtigkeiten und andere gewaltsame Ungleichheit, die durch die vorherrschenden sozialen Differenzordnungen verursacht werden. Mecheril und Plößer (2009) setzen sich für eine empirisch gestützte, reflexive Herangehensweise an das Problem der Differenzanerkennung ein, indem sie auf die Unauflösbarkeit des Dilemmas zwischen affirmativen und transformativen Positionen hinweisen. Ihrer Meinung nach muss im Umgang mit Differenz im schulischen Kontext ein Weg gefunden werden, «wie Differenzen pädagogisch so thematisiert werden, dass als Konsequenz dieser Thematisierung weniger Macht über andere erforderlich ist» (Mecheril & Plößer, 2009, S. 206).

Den Forderungen der Autor*innen, dass pädagogische Fachkräfte und Bildungseinrichtungen sich reflexive Gedanken über ihre tägliche Arbeit machen sollten und prüfen müssten, inwieweit sie selbst am Prozess des *doing difference* mitverantwortlich sind, lässt sich nur zustimmen. Dabei kann die Analyse alltäglicher Anweisungen, räumlicher Positionierungen und Beurteilungen von Lehrpersonen als Verfahren zur Aufdeckung von vorgenommenen Zuschreibungen und der Umgangsweise mit Differenz dienen. Da *doing difference* immer auch mit *doing inequality* verbunden ist, ist es auch von entscheidender Bedeutung, die Unterstützung zu reflektieren, die Schüler*innen – insbesondere diejenigen, die nicht privilegiert sind – bei der ‹Entwicklung› und dem Ausdruck ihrer Identitäten erhalten, sowie die Art und Weise, wie die Pädagogik dazu beitragen kann, diesen Identitätsbildungs- und -darstellungsprozess zu stärken oder zugänglicher zu machen (Mecheril & Plößer, 2009, S. 201–203).

Das von Mecheril und Plößer (2009) beschriebene Dilemma der Anerkennung von Unterschieden muss in der Forschung in pädagogischen Handlungsfeldern weiter berücksichtigt werden. Aus der Sicht von Berg und Fuchs (1993) wird vor allem in ethnographischen Studien durch die Thematisierung eines Falls in der Regel simultan die Konstruktion des Anderen getätigt. Dieses *othering* lässt sich zwar kaum vermeiden, um die interaktive Gestaltung sozialer Differenzierungspraktiken verdeutlichen und ethnomethodologische Erkenntnisse gewinnen zu können, es muss jedoch bei der methodenkritischen Reflexion eines Forschungsvorhabens mitgedacht werden. Im nachfolgenden Kapitel wird der aktuelle Forschungsstand zu Differenzkonstruktionen im Schulalltag dargelegt.

2.6 Aktueller Forschungsstand

Der Umgang mit Heterogenität ist im pädagogischen Diskurs besonders aufgrund von Ergebnissen internationaler Schulleistungsvergleichsstudien (PISA) mittlerweile zu einer Kernkompetenz des Lehrer*innenberufs avanciert. Der Vorstoß zur Anerkennung von Vielfalt resp. der Wandel von der Segregation zur schulischen Integration (vgl. Schweizerische Konferenz der kantonalen Erziehungsdirektoren, 2007) im Sinne einer Beschulung aller Schüler*innen in der Regelklasse hatdiesen Trend verstärkt. Der Umgang mit verschiedenen Ausprägungen von Diversität im schulischen Kontext ist, insbesondere im Hinblick auf die (Re-) Produktion sozialer Ungleichheiten, von entscheidender Bedeutung. Während für den bundesdeutschen Kontext zahlreiche Forschungsarbeiten zur Herstellung von Differenz(en) vorliegen, wie etwa die Langzeitethnographie von Claudia Machold und Carmen Wienand (2021), erweist sich die empirische Datenlage in der Schweiz, bezogen auf die ersten Jahre der Primarstufe, eher spärlich.

Vorliegende Studie umfasst die Analyse der Art und Weise, wie Lehrpersonen im Schulalltag Differenzen zwischen Kinder markieren und die Untersuchung, ob diese Differenzierungsprozesse in Interaktionen zwischen Schüler*innen ebenfalls aufzufinden seien.

Breidenstein und Kelle verfolgten bereits 1988 ein ähnliches Forschungsvorhaben. Sie untersuchten die alltäglichen Praktiken innerhalb einer Schulklasse und interessierten sich dabei vor allem für die Bedeutung der Geschlechterunterscheidung, des *doing gender*. Während diese Analyse der Gleichaltrigenkultur in den Schuljahrgängen vier bis sechs angesiedelt war, nahmen Faulstich und Kolleginnen (2004) die soziale Konstruktion von Geschlecht in schulischen Interaktionen einer 7. Klasse in den Blickpunkt. Im Kontrast zu den erwähnten Studien, die sich lediglich auf die Herstellung und Aufrechterhaltung von Geschlechterkategorien im schulischen Kontext beschränkten, nehmen jüngere Forschungen die interaktive Konstruktion und Bearbeitung von weiteren Differenzen in den Fokus. Im Gegensatz zu zahlreichen Studien auf der Eingangs- und Sekundarstufe (vgl. Kampshoff, 2013; Sieber Egger et al., 2018) nahmen Cornelia Biffi, Marianne Jäger und Therese Halfhide in 2006 – im Hinblick auf die Einführung der «Basisstufe» und die Neukonzeption der Aus- und Weiterbildung von Lehrpersonen (Kindergarten-Unterstufe) – eine Dokumentation und Analyse der charakteristischen Merkmale einer «Alltagskultur» des Kindergartens sowie der ersten Klasse vor. Die Studie von Biffi und Kolleginnen (2006) stellte einen ersten Beitrag zu einer Ethnographie der Schule dar, was zu damaligem Zeitpunkt in der Schweiz als kaum bearbeitetes Forschungsfeld galt. Sie befassten sich mit der Frage, wie sich die alltägliche Schulkultur präsentiert und welchen Stellenwert sie als Sozialisationsumfeld für Schulanfänger*innen aufweist. Um dieser Fragestellung nachzugehen, wurde untersucht, wie sich die schulische Sozialisation im unterrichtlichen Geschehen konkret zeigte. Dafür wurden zunächst Untersuchungen im Kindergarten und dann in einer zweiten Phase Erforschungen des Schulalltags einer ersten Grundschulklasse durchgeführt. Im Rahmen der Seminararbeit zu «Doing difference im Unterricht einer Primarschulklasse» (Mekacher, 2021) wurden die Daten zur «Alltagskultur in der ersten Primarschulklasse» (Biffi & Jäger, 2011) einer Sekundäranalyse unterzogen. Erforscht wurde, ob und inwiefern sich in den ersten Wochen des Schuljahres Tendenzen abzeichneten, wie Differenzen im Klassenzimmer sowohl von der Lehrperson als auch von Schüler*innen hervorgebracht wurden. Die Analyse der Differenzierungspraktiken im Unterrichtsgeschehen ergab, dass diese hauptsächlich mit der Differenzkategorie *pupil* in Verbindung standen. Vom ersten Schultag an stellte die Lehrkraft explizite und implizite Erwartungen an das Verhalten der Schüler*innen, die auf der Norm des*der angepassten Lernende*n basierten. Das *doing difference* der Lehrperson brachte die normativen Verbindlichkeiten des Schüler*innendaseins immer wieder zum Vorschein und markierte eine Differenz zwischen angepassten und nicht-angepassten Lernenden, wodurch sich eine soziale Ordnung innerhalb der Klasse etablierte. Zugleich konnte konstatiert werden, dass die von der Lehrerin machtvoll hervorgerufene Unterscheidungskategorie *pupil* schon nach kurzer Zeit ebenfalls in den sozialen Praktiken der Erstklässler*innen auftauchte. Indem die Schüler*innen ihr Verhalten klar vom nonkonformen Verhalten der ‹Abweichler*innen› abgrenzten, betrieben sie *doing difference* gegenüber den als ‹auffällig› konstruierten Mitschüler*innen. Durch diese Verhaltensbewertung seitens der Kinder untereinander, die sich an den normativen Anforderungen des Schüler*innenseins orientierte, wurde der von der Lehrkraft zugewiesene Platz einiger Kinder im sozialen Gefüge der schulischen Institution bestärkt. Im Rahmen der Sekundäranalyse der Daten von Biffi und Jäger (2011) kristallisierte sich heraus, dass Schüler*innen über solche interaktiv und situativ konstruierte Differenzkategorien klassifiziert wurden, welche soziale Ausschlüsse und negative Folgen für ihre weitere Schullaufbahn erzeugen und aufrechterhalten könnten.

Auch Jäger (2011), Unterweger (2014) und Kassis (2019) beschäftigten sich mit der Frage, wie in Bildungseinrichtungen Differenz(en) hergestellt und soziale Ungleichheit(en) aufrechterhalten werden. Das Augenmerk wurde dabei auf den Umgang migrationsbedingter Differenz in Institutionen schulischer Bildung gerichtet. Die Autorinnen beschreiben in ihren Fallstudien aus einer ethnomethodologischen Perspektive, wie schulische Akteur*innen Differenzierungen und Zuschreibungen gegenüber eines*einer einzelnen Lernenden vornehmen und dadurch identitätsrelevante Konstruktionen vornehmen. Die drei voneinander unabhängigen Untersuchungen verdeutlichen, dass die Markierung eines Schülers bzw. einer Schülerin als Abweichler*in (bzw. als Andere*r) das Resultat von *doing difference* Prozessen der Lehrpersonen und Mitschüler*innen, d. h. von «sozial organisierten Klassifikationen» (Jäger 2011, S. 40), ist. Obschon die Bedeutung der Ordnungsmuster je nach Handlungsfeld (bspw. Unterricht, Pause etc.) und den beteiligten Personen (z. B. Lehrkraft, Schüler*innen etc.) voneinander abweichen kann, unterliegen die untersuchten Einzelfälle mehrschichtigen Normierungsprozessen, die belastend und für die Bildungslaufbahn folgenschwer sein können.

Seit der Jahrtausendwende kann in der Schweiz eine markante Zunahme ethnographischer Forschung zum Thema ‹Kindheit und Kindheiten› konstatiert werden, die im Bildungsbereich angesiedelt ist (vgl. Sieber Egger et al., 2019). Während sich mehrere erziehungswissenschaftliche Studien mit dem Thema der interaktiven Konstruktion und Verarbeitung von Differenzen in schulischen Kontexten auf der Kindergarten- oder Sekundarstufe befassen, ist die Frage, wie hierarchisierte Differenzen zwischen Schüler*innen im Schulalltag der Primarstufe (re-)produziert werden, noch wenig erforscht. In der vorliegenden Arbeit soll auf Basis von ethnographischen Feldstudien untersucht werden, wie im Primarschulalltag Differenz(en) hergestellt und bearbeitet werden. Im Gegensatz zur Sekundäranalyse zu Differenzkonstruktionen im Unterricht einer Primarschulklasse (Mekacher, 2021) stellt diese Studie zwei Schulklassen in unterschiedlichen sozialräumlichen Kontexten ins Zentrum. Im Fokus steht dabei die situative Verwendung von Differenzkategorien mit Blick auf die unterrichtlichen Praktiken der Lehrpersonen, aber auch die Frage, inwiefern die Schüler*innen die von den Lehrpersonen im Unterricht konstruierten Differenzen in ihrer Peerkultur aufgreifen.

2.7 Zwischenfazit vor dem Hintergrund der theoretischen Erkenntnisse

Mit der vorliegenden Studie soll «das subtile und dynamische Zusammenspiel bei der Hervorbringung der unterschiedlichen kategorialen Identitäten» (Fenstermaker & West, 2001, S. 246) nachgezeichnet werden. Dieses Ziel wird durch die Untersuchung der situativen Verwendung von Differenzkategorien von schulischen Akteur*innen verfolgt. Die Forschung stützt sich auf den sozialkonstruktivistischen Ansatz, der Unterschieds- und Ungleichheitsverhältnisse nicht als ‹natürlich› gegeben, sondern als soziale (Re-)Produktion auffasst. Dementsprechend wird davon ausgegangen, dass Differenzkategorien wie *gender*, *class* und ‹*race*› von den Beteiligten aktiv durch *doing difference* (Fenstermaker & West, 1995a) vor dem Hintergrund lebensweltlicher Erfahrungen und in Bezugnahme auf institutionelle Rahmenbedingungen, soziale Normen und gesellschaftliche Kategorisierungen hervorgebracht werden. Die (Re-)Produktion von sozialen Differenzverhältnissen im Schulalltag kann zu Beeinträchtigungen oder Begünstigungen von Lebenschancen führen und somit mit struktureller sozialer Ungleichheit im weiteren Sinne einhergehen. Vor dem Hintergrund einer intersektionalen Perspektive (vgl. Winkler & Degele, 2009) werden wechselseitige Formen von sozialen Kategorisierungen von Lehrpersonen und Schüler*innen relevant gesetzt und deren Zusammenwirken fokussiert. Nebst dieser Multidimensionalität von differenzkonstruierenden Prozessen wird auch versucht, die Kontingenz von sozialen Differenzkonstruktionen, die Hirschauer (2014) beschreibt, im Forschungsprozess zu berücksichtigen.

Während sich zahlreiche erziehungswissenschaftliche Forschungen bereits mit der sozialen Konstruktion von Differenz(en) auf der Kindergarten- und Sekundarstufe und deren Beitrag zur Aufrechterhaltung von Bildungsungleichheiten beschäftigten, eröffnet die hier vorgestellte Studie Hinweise auf die Differenzkonstruktionen im Unterricht zweier Primarschulklassen mit unterschiedlichen sozialräumlichen Bezugspunkten. Dabei wird ein reflexiver Umgang bei der empirischen Erforschung interaktiver sozialer Differenzierungsprozesse verfolgt, der das – der Thematik inhärente – unauflösbare Dilemma von Anerkennung und Ignoranz von Differenzen berücksichtigt. Dazu sind die methodischen Aspekte des *othering* (vgl. Berg & Fuchs, 1993) zu diskutieren und die Differenzen im Forschungsbericht so zu thematisieren, dass durch diese Thematisierung Macht- und Ungleichheitsverhältnisse nicht noch zusätzlich verstärkt werden. Nähere Informationen zu dem Untersuchungsdesign und dem methodischen Vorgehen lassen sich dem nachstehenden Kapitel entnehmen.

Methodologische Reflexionen 3

Die oben erörterten theoretischen Grundlagen und der aktuelle Forschungsstand zum Umgang mit Differenz im Schulalltag verdeutlichen, auf welche Weise die Schule an der (Re-)Produktion von Ungleichheitsverhältnissen beteiligt ist. Differenzmarkierungen von Lehrpersonen errichten eine soziale Ordnung und weisen den Lernenden ihre jeweiligen Positionen in der Klassenhierarchie zu. Oft sind die schulisch markierten Differenzen auch außerhalb des Unterrichts, für die Peerbeziehungen der Kinder, wirkmächtig. Dies gilt für leistungsbezogene Differenzen genauso wie für Unterschiede hinsichtlich des adäquaten Verhaltens als Schüler*in. Die Kategorisierungen seitens der Lehrkräfte fungieren als Ressource für die an die Schule ‹angepassten› Kinder, indem sie ihnen ermöglichen, über *doing difference* ihre eigene Identität als «konforme Schüler*innen» zu verwirklichen und umzusetzen (Unterweger, 2014, S. 93). Im Mittelpunkt der vorliegenden Studie steht die Erfassung interaktiver Konstruktionen von Differenz im Primarschulalltag und der damit verbundenen (Re-)Produktion von sozialen Ordnungen bzw. Hierarchien und Ungleichheiten im situativen Handeln und Sprechen der Lehrkräfte und Schüler*innen. Zunächst wird ein Überblick über das methodische Vorgehen gegeben, anschließend werden die Anlage der Studie sowie die beiden ethnographierten Primarschulklassen vorgestellt.

3.1 Methodisches Vorgehen

Der für das vorliegende Forschungsvorhaben gewählte ethnographische Zugang stützt sich bei der Konzeption der Studie sowie der Datenanalyse auf die Grundannahmen der als Grounded Theory bekannten Forschungsmethodologie, die von Anselm Strauß (1994) entwickelt und von Strauß und Juliet Corbin (1996)

S. Mekacher, *Schule macht Schüler*innen*, Kindheit – Bildung – Erziehung. Philosophische Perspektiven, https://doi.org/10.1007/978-3-662-69599-9_3

erweitert wurde. Das methodologische Passungsverhältnis zwischen der Erhebungsmethode der Ethnographie und dem Analyseverfahren der Grounded Theory wird im nachfolgenden Kapitel näher erörtert.

3.1.1 Der ethnographische Forschungsansatz und die Forschungsstrategie der Grounded Theory

Seit dem sogenannten *cultural turn* in der zweiten Hälfte des 20. Jahrhunderts hat das Interesse an ethnographischen Ansätzen in den Sozial- und Geisteswissenschaften zugenommen. Die Ethnographie gilt heute als eine der «prädestiniertesten Forschungsstrategien» für die empirische Untersuchung von «kulturellen und sozialen Praktiken, Handlungsmodalitäten und deren institutionell-strukturellen Rahmungen» (Cloos & Thole, 2006, S. 9). Obwohl im qualitativ-rekonstruktiven Methodenkanon der Erziehungswissenschaften noch andere Verfahren, wie die Interviewforschung oder die Diskursanalyse, anzutreffen sind, lässt sich feststellen, dass ethnographische Ansätze in diesem Feld statistisch zunehmen und methodisch ausgeprägter eingesetzt werden (Cloos & Thole, 2006, S. 10). Die maßgebende kulturanalytische Alltagsorientierung und die grundlegende Forschungsmethode der teilnehmenden Beobachtung, die flexibel und gegenstandsangemessen mit anderen qualitativen Erhebungsverfahren kombiniert werden kann, sowie die typischerweise längere Ko-Präsenz der Forschenden im Untersuchungsfeld unterscheiden ethnographische Studien von anderen Arten qualitativer Forschung (Kuhn, 2012, S. 28). Wie lässt sich dabei die Ethnographie mit der Forschungslogik der Grounded Theory verknüpfen? Im Folgenden wird dieser Frage nachgegangen, indem historische Gemeinsamkeiten und aktuelle Zustände sowie Entwicklungen der beiden Ansätze beleuchtet werden.

Der Blick in die Methodengeschichte, genauer auf die Zwischenkriegszeit im 20. Jahrhundert, verrät, dass die beiden Ansätze viele Gemeinsamkeiten aufweisen. Während sich die ethnographische Forschung bis dahin innerhalb ethnologischer und sozialanthropologischer Traditionen vorrangig der Entdeckung und Erforschung ‹fremd› attribuierten Lebenswelten und Kulturen gewidmet hatte, wurde sie in Chicago in den 1920er- bis 1940er-Jahren zu einem empirischen Forschungsansatz für Sozialwissenschaften ausgeformt. Die Praktiken der soziologischen Feldforschung, die sich um das Chicago Sociology Department entwickelten, einerseits, und die Verschmelzung von anthropologischer und ethnologischer Feldforschung mit dem neu entstehenden modernen Reportage-Journalismus andererseits waren die treibenden Kräfte, die die «Feldforschung vor Ort» der Chicagoer Tradition förderten (Strübing, 2022, S. 282–283). Die erkenntnisleitende Idee des Entdeckens der soziologischen Ethnographie lässt sich laut Strübing auch als erster Berührungspunkt mit der Grounded Theory festmachen. Seiner Auffassung nach verdankt sich deren Entwicklung vor allem jener vom «Pragmatismus geprägten Tradition von Feldforschung, die in Chicago nicht nur gelehrt, sondern vor allem praktiziert wurde» (Strübing, 2022, S. 283).

Der neu entworfene soziologische Forschungsstil nutzte die Ethnographie zur Erforschung ‹eigener› Lebenswelten und (sub-)kultureller Handlungsfelder oder zur Untersuchung von Alltagsphänomenen. Die Entdeckung des *‹Fremden›* wurde zur Heuristik für die soziologische Betrachtung, wobei die vermeintliche oder zugewiesene Fremdheit, die einst als Voraussetzung für ein ethnographisches Erkenntnisinteresse galt, nicht mehr vorausgesetzt wurde (Kuhn, 2013, S. 30). Die Erkundung von Alltagsrealitäten erfordert gemäß Kuhn (2013, S. 30) eine methodische «Befremdung der eigenen Kultur, des scheinbar Vertrauten». Dies steht im Zusammenhang mit der ethnomethodologischen Prämisse, «sich von Alltagsselbstverständlichkeiten, auch den wissenschaftlichen, methodisch zu distanzieren und im ethnographischen Vorgehen von Feld und Forschungsgegenstand leiten zu lassen» (Kuhn, 2013, S. 30). Daraus folgt, dass ethnomethodologische Erkenntnisinteressen auf Praktiken der Konstruktion sozialer Wirklichkeit sowie auf die darin reflektierten Erwartungen hinsichtlich der Normalität des Alltags und des ‹adäquaten› Verhaltens abzielen. Diese Praktiken bleiben aufgrund ihrer Selbstverständlichkeit und Unhinterfragtheit zunächst verborgen, können jedoch durch das «Befremden der eigenen Kultur» (Amann & Hirschauer, 1997) bewusst gemacht und reflexiv erschlossen werden. Somit wird deutlich, dass erst in der gezielten Befremdung ethnographischen Beobachtens und Erlebens das Alltagsleben aus der Sichtweise der Akteur*innen im Feld rekonstruiert und die Entstehung und Veränderung sozialer Ordnungen sichtbar gemacht werden können. Dies gilt auch für die vorliegende Untersuchung des schulischen Handelns, da der schulische Kontext allen vertraut zu sein scheint. Erst die ethnographische Haltung und Bereitschaft, sich vom schulischen Geschehen irritieren und überraschen zu lassen, ermöglicht tiefere Einblicke in die alltäglichen Praktiken der Herstellung schulischer Ordnung (Bräu, 2015, S. 20).

Insofern beschäftigt sich die Ethnographie mit unterschiedlichen Erscheinungsformen öffentlich gelebter und praktizierter Sozialität, deren «Sinnhaftigkeit von einem *impliziten Wissen* der Teilnehmer bestimmt wird» (Breidenstein et al., 2013, S. 33, Herv. i. O.). Es geht vor allem um eine Charakterisierung von Praktiken, welche die Denkweisen, Erfahrungen, Emotionen und Handlungslogiken der untersuchten Individuen zu erklären versuchen. Dabei werden die Forschenden mit ihren Beobachtungen und Erfahrungen auf paradoxe Weise einerseits als «persönliche Aufzeichnungsapparate» (Amann & Hirschauer, 1997, S. 25) bzw.

als Schlüsselkomponente für die Erkenntnisproduktion angesehen, andererseits wird von ihnen auch erwartet, dass sie sich methodisch zurücknehmen und ihren eigenen Standpunkt zugunsten der Relevanzen des Feldes zurückstellen (Kuhn, 2013, S. 30). Amann und Hirschauer (1997) merken diesen widersprüchlichen Anforderungen zur Untersuchung des weitgehend Vertrauten an, dass die Erkenntnisleistung hierbei nicht primär im Erklären oder Verstehen liege, sondern in der deskriptiven Explikation. Demnach gilt: «Je vertrauter ein Feld, desto stärker muss die Normaldistanz variiert werden, i. d. R. im Sinne einer mikroskopischen Feinanalyse» (Amann & Hirschauer, 1997, S. 13).

Laut Breidenstein und Kollegen (2013, S. 33) verlangt die offene ethnographische Forschungsprämisse von den Forschenden andauernde körperliche Anwesenheit im Feld, genauer eine Kopräsenz von Forschenden und Beforschten. Das Eintauchen ins Forschungsfeld bringt zudem eine sinnliche Unmittelbarkeit mit sich. Um die Logik des untersuchten Feldes erkunden und beschreiben zu können, sind die Forschenden dazu angehalten, Wissen möglichst aus erster Hand zu erfahren und einen möglichst direkten, beständigen Kontakt mit der sozialen Wirklichkeit zu schaffen. Für Anne Honer (2008, S. 197) stellt das paradigmatische Postulat des Forschens aus der Perspektive der Akteur*innen auf der erkenntnistheoretischen und methodologischen Ebene ein Dilemma dar, da «das subjektive Wissen des anderen Menschen nicht ‹wirklich› direkt zugänglich ist, es [aber] trotzdem die wichtigste Datenbasis sozialwissenschaftlicher Untersuchungen darstellt». Dass das Dilemma grundsätzlich unauflösbar ist, wird mit einem ausgedehnten Erhebungszeitraum kompensiert, in dem versucht wird, die Forschenden mit dem Feld «hochgradig vertraut» (Honer, 2008, S. 197) zu machen. Durch diese lang andauernde Form des Feldkontaktes ist der zeitliche Aufwand der Datengewinnung in der Ethnographie, im Vergleich zu anderen qualitativen Forschungsverfahren, deutlich höher. Trotz der zeitaufwändigeren Datenerfassung der Ethnographie zeigt sich ein wesentlicher Vorteil in der stark auf Beobachtung beruhender Ausrichtung, da diese die konkreten Praktiken der Herstellung der Alltagswirklichkeit zu erfassen vermag, die in Interviews methodologisch nicht erfragt werden können. Kuhn (2013) untermauert diese Perspektive, indem sie ausführt, dass die sprachlichen Äußerungen der Akteur*innen im Feld nur einen kleinen Teil der sozialen Wirklichkeit abbilden. Unter Einsatz multimethodischer Verfahren sind ethnographische Studien in der Lage, die nichtsprachlichen Alltagspraktiken und die Materialität des Forschungsfeldes ebenfalls zu berücksichtigen.

Obwohl die Grounded Theory und die Ethnographie eine gemeinsame Geschichte haben, weichen sie hinsichtlich ihrer Forschungslogik und -pragmatik voneinander ab. Während die Ethnographie die Praktiken der Datengewinnung genau definiert, bietet die Grounded Theory einen Rahmen für die systematische Analyse der erhobenen Daten.

Die Grounded Theory ist ein sozialwissenschaftliches Forschungsverfahren, das sich vor allem der Analyse und Interpretation von qualitativen Daten widmet. Im Gegensatz zu deduktiven Forschungsansätzen liegt der Schwerpunkt auf der induktiven Entwicklung neuer Theorien und nicht auf der Validierung vorgängig definierter Hypothesen und Kriterien. Ausgehend von einem vorläufigen Problematisierungsstandpunkt werden auf der Grundlage empirischer Erkenntnisse aus der Alltagswelt theoretische Vorstellungen und Modelle entwickelt, die fortlaufend rekursiv mit der Erfahrungsebene verknüpft werden. Diese Forschungslogik steht im Einklang mit dem paradigmatischen Anspruch qualitativer Forschung (wie bspw. der Ethnographie) und basiert auf der Maxime der Offenheit gegenüber dem Forschungsgegenstand und dem Datenmaterial (Flick et al., 2008). Da die Grounded Theory nicht «an spezielle Datentypen, Forschungsrichtungen oder theoretische Interessen gebunden» (Strauß, 1994, S. 29–30) ist, kann sie strenggenommen nicht als eine Auswertungsmethode aufgefasst werden, die konkrete und explizite ‹Analyseanweisungen› gäbe. Strübing (2008, S. 7) charakterisiert diesen Forschungsansatz zu Recht als eine «konzeptuell verdichtete, methodologisch begründete und in sich konsistente Sammlung von Vorschlägen, die sich für die Erzeugung gehaltvoller Theorien über sozialwissenschaftliche Gegenstandsbereiche als nützlich erwiesen haben». Sie ist demnach weniger als eine Methode im eigentlichen Sinne zu verstehen, sondern eher als Methodologie oder Forschungsstil zur Analyse sozialer Phänomene.

Anhand der erläuterten Charakteristiken der beiden qualitativen Forschungsstrategien stellt Strübing (2022) die These auf, dass sich die Grounded Theory und die Ethnographie in einem reziproken Ergänzungsverhältnis befinden, das ein großes Potenzial aufweise. In beiden Ansätzen kommt dem Postulat der Offenheit ein zentraler Stellenwert zu, das forschungspragmatisch von einer zunächst möglichst offenen Fragestellung, die aber im Laufe der Forschung grundsätzlich flexibel bleibt und erst allmählich fokussiert werden soll, getragen wird (Kuhn, 2013, S. 32). Sowohl die Ethnographie als auch die Methodologie der Grounded Theory gehen davon aus, dass der Forschungsprozess zirkulär anzulegen ist und die Phasen der Datenerhebung, der -auswertung und der Theoriebildung rekurrent miteinander verknüpft sind (Strauß, 1994, S. 45–47). Durch den fortdauernden Wechsel von Feldforschung (Datenerhebung) und Reflexion (Datenanalyse und Theoriebildung) sollen die Forschenden für die Phänomene des Feldes so offen wie möglich bleiben und gleichzeitig im Stande sein, die gewonnenen Erkenntnisse immer weiter zu verfeinern und zu verdichten (Kuhn, 2013, S. 32).

Demzufolge beginnt der Analyseprozess bzw. die Theoriebildung bereits mit der ersten Datenerhebung.

Eine Kombination von Ethnographie und Grounded Theory, wie sie Strübing (2022) vorschlägt, bringt entscheidende Potenziale mit sich. So kann eine Ethnographie, die sich an der Forschungslogik und -pragmatik der Grounded Theory orientiert, im Sinne des Theoretischen Samplings, den Prozess der Datenerhebung durch die sukzessive Analyse des Materials und der bereits vorläufig entwickelten Theorie steuern. Die Forschenden treffen auf Grundlage der fortwährenden Datenanalyse Entscheidungen darüber, welche Daten als nächstes erhoben werden sollen und in welchem Forschungssetting diese aufzufinden sind. Bei einem solchen ethnographischen Forschungsprojekt im Stil der Grounded Theory werden die Themen und die Forschungsfragen also nicht im Voraus festgelegt, sondern im Laufe des gesamten Forschungsprozesses aus den Daten herauskristallisiert und schließlich zu einer gesättigten Theorie verdichtet (Strübing, 2022, S. 289–291). Diese iterativ-zyklische Verfahrensweise, die auch als *theoretical sampling* bezeichnet wird, kann jedoch in einem Diskrepanzverhältnis zu jener Forschungspraxis stehen, die aus zeitlichen Gründen Abstriche bei der Dauer des Aufenthaltes im Feld machen muss. Solche zeitlich limitierte Feldzugänge lassen kaum Räume für extensive Materialanalysen und die Formulierung theoretischer Rückschlüsse zu. Strübing (2022, S. 290) begegnet diesem Missverhältnis mit einem Appell an das wichtigste Prinzip der Grounded Theory: «deren ‹Daumenregeln› mit Maß und Umsicht an die Umstände der konkreten Forschungssituation anzupassen». Die in dieser Studie angewandte Forschungsmethode kombiniert Grounded Theory mit Ethnographie und verfolgt den Einsatz verschiedener Forschungspraktiken, die im Folgenden erläutert werden.

3.1.2 Die Datengewinnung: Teilnehmende Beobachtung

Die ethnographische Forschungspraxis gestaltet sich in erster Linie als eine in einen bestimmten Kontext eingebettete, anhaltende teilnehmende Beobachtung. Breidenstein und Kollegen (2013, S. 71) fassen unter *Beobachtung* «zunächst alle Formen der Wahrnehmung unter Bedingung der Ko-Präsenz: also alle Sinneswahrnehmungen, die sich per Teilnahme erschließen». Nebst der Aufnahme von Verhaltensweisen und Eigenschaften in den bzw. der beobachteten Situationen mittels des Geruchs-, Seh-, Hör- und Tastsinns, sind Ethnograph*innen auch dazu angehalten, ihren sozialen Sinn, d. h. ihre Fähigkeiten zu verstehen, sich zu konzentrieren und sich vertraut zu machen, einzusetzen. Zu einer ethnographischen Beobachtungshaltung gehört zugleich eine Distanzierung zum sinnlich

Wahrgenommenen, was eine fortwährende Reflexion des Erlebten mit sich bringt. Dazu zählt die Fähigkeit, Umstände zu interpretieren, die im Widerspruch zu vordergründiger Bedeutung der Akteur*innen stehen, und Dinge in den Mittelpunkt zu rücken, die scheinbar verborgen oder irrelevant seien. Folglich werden die Daten parallel zum sozialen Geschehen generiert und stammen aus dem spezifischen Kontext, in dem die Beobachtung selbst stattfindet, also «aus erster Hand» (Breidenstein et al., 2013, S. 71). Im Rahmen der Ethnographie werden Beobachtungsmomente oft nicht nur zufällig und spontan genutzt, sondern «aus dem Pool einer längerfristigen Feldforschung systematisch ausgewählt und aufgesucht» (Breidenstein et al., 2013, S. 72). Das Beobachtungsfeld, der Beobachtungsgegenstand, die Forschungsmethoden und das sprachliche Festhalten des Beobachteten sind die vier Hauptbestandteile der ethnographischen Arbeitsweise (Breidenstein et al., 2013, S. 32). Der Prozess der Beobachtung beinhaltet dabei ein Wechselspiel von Teilnahme und Distanzierung, was die Forschenden dazu zwingt, die sozial erlebte Wirklichkeit und die sozialen Praktiken der Menschen zu reflektieren und den künftigen Forschungsprozess anhand kontinuierlicher Analysephasen zu entwerfen. Aus den obigen Ausführungen folgt, dass die teilnehmende Beobachtung nicht lediglich das Ereignis widerspiegelt; dies könnte höchstens angenommen werden, wenn anstelle der teilnehmenden Beobachtenden eine fest installierte Videokamera eingesetzt werden würde. Stattdessen folgt die teilnehmende Beobachtung dem Geschehen und passt sich ihm an (Breidenstein et al., 2013, S. 75). Die gewonnenen Erfahrungen und Eindrücke werden jedoch genau genommen erst durch die schriftliche Dokumentation der Beobachtungen zu eigentlichen Daten. Es gibt drei Praktiken, wie solche Daten in der Ethnographie produziert werden: durch die Zusammenstellung bereits vorhandener Textdokumente aus dem Feld, durch die Aufzeichnung von Ereignisabläufen (Gesprächen und anderen Interaktionen) mit Hilfe von Ton- und Bildtechnik und deren Verschriftlichung sowie durch das schriftliche und selektive Notieren von Eindrücken, Äußerungen, Abläufen und Anordnungen. Alle diese Techniken dienen demselben Ziel, nämlich der Erstellung von Textmaterial, das im weiteren Forschungsverlauf analysiert und den Leser*innen präsentiert werden kann (Breidenstein et al., 2013, S. 86).

Für den ethnographischen Forschungsprozess dieser Studie war das fortlaufende Aufschreiben resp. das Versprachlichen von Sinneseindrücken in Feldnotizen und Beobachtungsprotokollen konstitutiv.

3.1.3 Die Datenaufbereitung: Feldnotizen und Beobachtungsprotokolle

Daten entstehen in ethnographischen Forschungsprojekten also erst durch die Dokumentation des Erlebten in Feldnotizen und Beobachtungsprotokollen. Die Dokumentationstätigkeit des Notierens mit Stift und Notizblock mag in der heutigen digitalisierten Welt als eine rückwärtsgewandte, überholte Technik erscheinen. Trotzdem werden Notizen aus verschiedenen Gründen als Dokumentationsmethode beibehalten: Erstens lässt sich die Dokumentationstechnik des handschriftlichen Notierens im Vergleich zu technischen Aufzeichnungen ziemlich mühelos einsetzen. Zweitens dienen Notizen als notwendige Ergänzung zu technischen Aufzeichnungen, indem sie kontextbezogene Beobachtungen und Beschreibungen von nonverbalen Ereignissen enthalten. Drittens lassen sich mittels Notizen Aspekte aus einer Langzeitperspektive dokumentieren, was Momentaufnahmen von einigen ausgewählten Situationen mittels technischer Medien nicht leisten können. Viertens können in Notizen Aspekte über einen längeren Zeitraum hinweg festgehalten werden, während durch technische Medien nur Schnappschüsse einiger ausgewählter Szenarien erfasst werden können (Breidenstein et al., 2013, S. 86). Fünftens schließlich ist es den fokussierten Beobachtenden auch in komplexen Situationen möglich, sinnvolle Notizen anzufertigen, wogegen Aufzeichnungsgeräte über keinen selektiven Filter verfügen und in solchen Momenten oft nur «überkomplexes und unverständliches Material liefern» (Breidenstein et al., 2013, S. 87).

Die fünf erläuterten Aspekte der Dokumentationsleistung von Notizen stehen auch in einem direkten Zusammenhang mit einem Bezugsproblem des ethnographischen Schreibens, nämlich der «*Flüchtigkeit* der Ereignisse, bzw. ihr *Vergessen*» (Breidenstein et al., 2013, S. 87, Herv. i. O.). Das Anfertigen von Feldnotizen stellt sicher, dass wichtige Beobachtungen nicht vergessen werden und später wieder abgerufen werden können. Sie ergänzen die Gedächtnisleistung der Beobachtenden und dienen als Erinnerungshilfe. Da das Erinnerungswissen der Beobachtenden auch Lücken aufweisen kann, ist es ratsam, Feldbeobachtungen sorgfältig und genau zu notieren. Dazu gehören Kontextinformationen, die später zur Rekonstruktion von Abläufen gebraucht werden, und auch nichtsprachliche Details oder konkrete Handlungsabläufe. Bedingt durch das zweite Bezugsproblem ethnographischen Schreibens – die Schweigsamkeit von Beobachtungsgegenständen und die Abwesenheit der Leser*innen – müssen Ethnograph*innen im Unterschied zu anderen qualitativen Datenerhebungsverfahren zunächst eine Versprachlichung des Sozialen vornehmen. Diese «Übersetzung» erfolgt oft in schriftlicher Form und bringt die Forschenden dazu, gleich das dritte

Bezugsproblem ethnographischen Schreibens zu überwinden: «die Explikation des implizit Gewussten» (Breidenstein et al., 2013, S. 96). Erst wenn etwas zu Papier gebracht wird, wird realisiert, wie viele Informationen zu einer Situation gegeben werden müssen, damit ein*e anonyme*r Leser*in den Ausführungen folgen kann. Laut Breidenstein und Kollegen (2013) ist es von entscheidender Bedeutung, Feldnotizen so schnell wie möglich anzufertigen und die Schreibphasen nicht hinauszuzögern, auch wenn das Anfertigen von Notizen in gewisser Weise in Konkurrenz zu den beiden anderen Erfordernissen der Feldarbeit, der Teilnahme und der Beobachtung, steht. Das Aufschreiben bedeutet bereits einen ersten Schritt weg von der Praxis, der sich die Forschenden in unmittelbarer Nähe aussetzen: «Kaum angekommen, ‹verabschiedet› man sich zeitweise in eine hochgradig selbstbezogene Aktivität» (Breidenstein et al. 2013, S. 89).

Die Intensität des Aufschreibens von Beobachtungen muss aufgrund der Fülle an Informationen, die auf eine*n Beobachter*in einprasseln, verändert werden. Hier liegt die Kunst in der geschickten Mischung von intensiv protokollierten Zeitabschnitten und dem Einlegen von Beobachtungspausen. Die Frage, was überhaupt aufgeschrieben werden sollte, ist schwieriger zu beantworten als die Frage, wann dies geschehen sollte. Da theoretisch alles unbegrenzt aufgeschrieben werden könnte, müssen Entscheidungen getroffen werden. Breidenstein und Kollegen (2013, S. 89) schlagen vor, in einem ersten Schritt anfängliche sinnliche Eindrücke wie Gerüche, Lichtatmosphären etc. festzuhalten und anschließend «einmal eine Weile weit gestreute, unfokussierte Beobachtungen [zu machen], die eine Bandbreite von Begebenheiten festhalten». Frühe Beschreibungen wie diese dienen als Rahmen für spätere Beschreibungen und helfen dabei, nach und nach wichtige Ereignisse, Personen, Dinge und Aktivitäten herauszukristallisieren, die Gegenstand von Beobachtungsprotokollen werden.

Das Erstellen von ausführlichen Beobachtungsprotokollen stellt die nächste Phase der ethnographischen Feldforschung dar. Die Protokolle werden aus Erinnerungen generiert, die durch Feldnotizen angestoßen werden: «Neben ihrer Funktion als Speicher von Erinnerungen stimulieren Feldprotokolle daher oft auch Erinnerungen» (Breidenstein et al., 2013, S. 87). Das Schreiben von Beobachtungsprotokollen kann in zwei Phasen unterteilt werden. In einer ersten Phase, die unmittelbar nach einem Aufenthalt im Feld folgen sollte, werden Ereignisse und Erfahrungen «ohne Rücksicht auf Stil, Orthographie und Chronologie» (Breidenstein et al., 2013., S. 97) verschriftlicht. Nach der Erstellung einer ersten Rohfassung eines Beobachtungsprotokolls geht der*die Ethnograph*in vom bloßen Aufschreiben in die nachvollziehbare und konkrete Beschreibung von Eindrücken, Handlungen und Äußerungen über. Neben solchen Verfeinerungen von Beschreibungen geht es laut Breidenstein und Kollegen (2013) in der Überarbeitung von Rohfassungen von Beobachtungsprotokollen um die Einordnung von Ereignisabläufen ins Gesamtgeschehen. Es sollen sinnhafte Einheiten gebildet werden, die Situationen oder Reihen von Ereignissen verdichten. Hierbei gilt, sich eine Übersicht über das Datenkorpus zu verschaffen, um in einem nächsten Schritt forschungsrelevante Themen im eigenen Datenmaterial zu identifizieren. Dabei geht jede schriftliche Dokumentation von Ereignissen bereits mit einer ersten Analyse der untersuchten Gegenstände einher. Dies liegt daran, dass das Schreiben von Protokollen grundsätzlich interpretierende, perspektivische und selektive Formulierungen, Satzstrukturen, Betonungen und kohärenzstiftende Techniken beinhaltet. Demnach wird über das Schreiben eine dichte Kontinuität zwischen den Phasen der Beobachtung, der Datenaufbereitung und der -analyse hergestellt. Die drei ethnographische Schreibfunktionen – Speicherung, Darstellung, Explikation – ragen demzufolge in die Empirie herein.

Die ethnographische Datenanalyse beginnt damit bereits in der Erhebungssituation und erstreckt sich über den gesamten Forschungsprozess, wird aber in zwischenzeitlichen Distanzierungen vom Feld bzw. ausgedehnteren Analysephasen intensiviert. Hierbei gilt die Heuristik der Entdeckung sowohl für die Beobachtungs- als auch für die Analysephase ethnographischer Forschungsverfahren. Im Einklang mit den Forschungsprämissen der Grounded Theory emergieren die Themen der Analyse aus den Daten, sie müssen folglich im Material verankert und zugleich am wissenschaftlichen Diskurs anschlussfähig sein. Die Analysepraktik des Codierens unterstützt die Herausarbeitung von analytischen Themen und wird deshalb als interpretative Analysestrategie an das Beobachtungsmaterial dieser Studie angelegt.

3.1.4 Die Datenanalyse: Auswertungsverfahren der Grounded Theory

Die Untersuchung der Daten erfolgt in der Grounded Theory Methodologie über ein mehrstufiges Codierverfahren, das oft als Herzstück der Methodik angesehen wird. Der Arbeitsvorgang verspricht aus einer Fülle qualitativer Daten (wie Gesprächs- oder Beobachtungsprotokolle) theoretische Konzepte und Strukturen herauszufiltern und zu identifizieren. Dieses Ziel wird durch das Benennen und Kategorisieren der beobachteten Phänomene mittels eines wiederholten Durchgehens und Sortierens des Datenmaterials (Strauss & Corbin, 1996, S. 44) verfolgt. Es erfolgt also ein Wechsel vom Schreiben zum Lesen von Daten, der zugleich die Forschenden mit den eigenen Beobachtungen wieder vertraut macht und Erinnerungen, die nicht verschriftlicht wurden, aktivieren soll. In der vorliegenden Arbeit wurde der Codierungsprozess mit dem Programm MAXQDA unterstützt.

Offenes Codieren
Bei der offenen Codierung werden die Daten in einem ersten Schritt analytisch konzeptualisiert. Unter Konzeptualisieren verstehen Strauß und Corbin (1996, S. 45) «das Herausgreifen einer Beobachtung, eines Satzes, eines Abschnitts und das Vergeben von Namen für jeden einzelnen darin enthaltenen Vorfall, jede Idee oder jedes Ereignis – für etwas, das für ein Phänomen steht oder es repräsentiert». Dieser Codierungsprozess soll dazu führen, mit den Codes Fragen aufzuwerfen, mit denen das Material weiter erschlossen werden kann. Um dies zu erreichen, müssen die Codes hinreichend spezifisch sein. Zur Reduktion der Fülle des Datenmaterials wird zusätzlich das Anstellen von Vergleichen der vergebenen Codes hinsichtlich deren Ähnlichkeiten und Unterschiede bestrebt. Es soll herausgearbeitet werden, in welcher Beziehung die etablierten Codes zueinanderstehen (Strauß & Corbin, 1996, S. 44). Dieser Prozess der Gruppierung und Strukturierung von Codes wird als *Kategorisierung* begriffen und verknüpft einerseits Protokolle miteinander und bildet anderseits Kategorien und Subkategorien von Codes ab, die durch Bedeutungszusammenhänge verbunden sind. Die chronologische Ordnung des Datenmaterials wird im Zuge dieses Prozesses aufgebrochen und in eine analytische gebracht. Strübing (2008, S. 22–23) zufolge stellt das offene Codieren letztendlich eine «ausdifferenzierte Heuristik des Vergleichens» innerhalb des Datenmaterials dar, «bei der durch kontrastive Verfahren versucht wird, alle Facetten eines jeweiligen Phänomens detailliert und vollständig herauszuarbeiten und in die theoretische Kategorie einfließen zu lassen». Dieser Vorgang des «Dimensionalisierens», wie er in der Grounded Theory genannt wird, spannt gleichzeitig eine Brücke zum weiteren Forschungsvorgehen. Wenn sich in der ersten Analysephase des offenen Codierens vielversprechende Themen zur Klärung der Forschungsfrage herauskristallisieren, folgt eine zweite Phase des axialen Codierens.

Axiales Codieren
In diesem Fall wird das Datenmaterial nicht mehr nach heterogenen Kriterien codiert, sondern lediglich nach bereits vorhandenen Codes und Kategorien. Es werden die Phänomene, die in verschiedenen Beobachtungssequenzen im Zuge des offenen Codierverfahrens bereits rekonstruiert werden konnten, axial zueinander in Beziehung gesetzt (Strauss & Corbin, 1996, S. 76). Mit Hilfe des axialen

Codierens werden Systematiken für die Anordnung und Verknüpfung der etablierten Kategorien geschaffen. Diese thematisch-analytische Ordnungsstruktur ermöglicht das Vergleichen von verwandten Phänomenen nach Mustern sozialer Praxis und das Aufstellen von theoretischen Hypothesen, die im weiteren Analyseprozess verifiziert oder widerlegt werden können (Strauss & Corbin, 1996, S. 137). Nach dem Prinzip des *theoretical sampling* erfolgt die Auswahl der weiter zu erforschenden Phänomene nicht nach vorab festgelegten Regeln, sondern fortlaufend und prozessbegleitend, auf der Grundlage der bereits interpretierten Daten. Somit ist es möglich, immer wieder neu zu entscheiden, welche Untersuchungslinien verfolgt und welche Fälle (z. B. Beobachtungsszenarien) ausgelesen werden sollen. Das neu hinzugezogene Material wird laut Strübing (2008) mit der Absicht ausgewählt, durch ständiges Vergleichen neue Aspekte und Dimensionen der bereits vorhandenen Konzepte zu ermitteln wie auch neue Konzepte zu entwickeln. Strübing propagiert den Einsatz des Kodierparadigmas als Systematisierungshilfe des axialen Codierprozesses. Das Kodierparadigma wurde von Strauß als eine Weiterentwicklung der Methodologie eingeführt; es war in der ursprünglichen Konzeption der Grounded Theory nicht enthalten. Mit der Hinzunahme des Kodierparadigmas postulierten Strauß & Corbin (1996, S. 78–80), dass es für die Entwicklung neuer Theorien wichtig sei, Fragen nach den Ursachen der untersuchten Phänomene, ihrem Kontext, den relevanten intervenierenden Faktoren, den phänomenbezogenen Handlungen und Strategien und den Folgen dieser Handlungen und Strategien zu stellen. Erst durch dieses Stellen von Fragen ans Datenmaterial können die bisher isoliert betrachteten Phänomene in einen strukturellen Zusammenhang gestellt werden. Die Fragen des Kodierparadigmas sind laut Strübing (2008, S. 27) im Grunde «nur die systematische Formulierung all jener Fragen, mit denen wir im Alltag den Sinn von Ereignissen zu erschließen versuchen, indem wir nach Zusammenhängen suchen». Wie stark die Grounded Theory an Alltagsheuristiken anknüpft, tritt hier deutlich zum Vorschein.

In der Arbeit mit dem Kodierparadigma wird – den obigen Ausführungen nach Strübing (2008) zufolge – der Kontext eines empirisch vorgefundenen und begrifflich ausformulierten Phänomens aufgearbeitet. Die Forschenden versuchen hiermit das Zustandekommen und die Auswirkungen eines bestimmten Ereignisses oder einer bestimmten Art von Ereignis zu verstehen und zu erklären. Der weitere Sampling-Prozess wird durch die ausgearbeitete Theorie gesteuert, die dadurch immer vielfältiger und reichhaltiger wird, da jede Auswahlentscheidung aus den Postulaten dieser Theorie abgeleitet werden muss. Zur Schließung von Lücken und der Überprüfung der erarbeiteten Theoriekonzepte wird sodann das selektive Codierverfahren angewendet. Zusätzlich zum bereits vorhandenen Material, das ausgewählt und unter neuen Gesichtspunkten neu analysiert wird, wird auch neues Material gesammelt (Strauss & Corbin, 1996, S. 156–158).

Selektives Codieren
In gewisser Weise ist die selektive Codierung eine axiale Codierung auf einem höheren Abstraktionsgrad. Es wird versucht, Schlüssel- oder Kernkategorien zu definieren, die als konzeptionelle Dreh- und Angelpunkte der sich entwickelnden Theorie dienen. Auf der Grundlage der Logik der vorgegebenen thematisch-analytischen Ordnungsstruktur werden dann alle anderen Theoriekomponente (Kategorien) gruppiert und mit dieser Hauptidee verbunden (Breuer, 2010, S. 92).

Obschon in diesem Kapitel der dreigliedrige Codiervorgang in einer chronologischen Abfolge präsentiert wird, werden in der Forschungspraxis das offene, axiale und selektive Codieren nicht zeitlich nacheinander durchgeführt, sondern, wie der Forschungsprozess selbst, iterativ vereint. Auch auf die Frage, wann ein Forschungsprozess abgeschlossen werden kann oder soll, liefert gemäß Strübing (2008, S. 33) die Grounded Theory mit dem Kriterium der «theoretischen Sättigung» eine Antwort. Er beschreibt diese Sättigung als «Punkt im Verlauf der Analyse [...], an dem zusätzliche Daten und eine weitere Auswertung keine neuen Eigenschaften der Kategorie mehr erbringt und auch zu keiner Verfeinerung des Wissens um diese Kategorie mehr beiträgt» (Strübing, 2008, S. 33). Dabei fügt er an, dass dieses Feststellen der theoretischen Sättigung eine äußerst subjektive und prekäre Entscheidung für die Forschenden darstellt, da es dem Forschungsprozess ein vorläufiges Ende setzt. Strübing begründet seinen Standpunkt damit, dass «das Kriterium, dass die Daten nichts Neues mehr für die theoretische Kategorie ergeben, [...] auslegungsbedürftig und nicht objektiv aus den Daten ableitbar [ist]» (Strübing, 2008, S. 34).

In der vorliegenden Arbeit hätten weitere Datenerhebungen und -analysen zu ‹gesättigteren› Erkenntnissen und Theorieentwicklungen führen können. Zugleich ist der Rahmen von Qualifizierungsarbeiten über die gegenstandsbezogenen Faktoren hinaus durch fehlende zeitliche Ressourcen eingeschränkt. Ziel der ethnographischen Erkundung von Differenz im pädagogischen Handlungsfeld der Schule war es, unter Berücksichtigung der strukturellen Beschränkungen eine möglichst hohe konzeptuelle Dichte zur Erklärung der rekonstruierten Phänomene zu erlangen. Dies wurde durch eine detaillierte Datenerhebung und eine feingliedrige Datenauswertung erreicht. Der nachfolgende Abschnitt widmet sich dem Untersuchungsdesign und der Datengrundlage der Studie.

3.2 Die untersuchten Primarschulklassen

3.2.1 Feldzugang

Für den Feldzugang galt es, Primarschulklassen für die Studie zu gewinnen und dort das Forschungsvorhaben durchzuführen. Der erste Kontakt wurde über einzelne, bereits bekannte Lehrpersonen aufgenommen. Sie wurden telefonisch oder per E-Mail angefragt, ob sie an der Teilnahme an einem Forschungsprojekt zu Differenzkonstruktionen im Unterricht interessiert wären. Dem Forschungszugang kam zugute, dass die Ethnographin selbst als Lehrerin tätig war, während der letzten Jahre an verschiedenen Schulen in der Deutschschweiz arbeitete und auf persönliche Kontakte zu mehreren Lehrpersonen und Schulleitungen zurückgreifen konnte. Das Forschungsvorhaben wurde zusätzlich in einem Elternbrief verschriftlicht, welcher den interessierten Lehrpersonen zur Weitergabe zur Verfügung gestellt wurde.

Nach der Zusage einer Lehrerin, mit ihrer Schulklasse an der Untersuchung teilzunehmen, war der konzeptionelle Anspruch, weitere Schulklassen mit unterschiedlichen Unterrichtsformen (Jahrgangs- und Mischklassen) in unterschiedlichen Sozialräumen zu gewinnen, um verschiedene Ausprägungen von Differenz beobachten zu können. Nach einigen hoffnungsvollen und doch erfolglosen Anfragen, bei denen die Lehrpersonen angaben, im laufenden Schuljahr eine sehr herausfordernde Klasse zu haben und bereits in vielen Schulentwicklungsprojekten involviert zu sein, erklärte sich eine weitere Lehrperson bereit, an der Studie mitzuwirken. An der Studie nahmen nur Schüler*innen teil, die selbst gerne mitmachen wollten und deren Einverständniserklärung von den Erziehungsberechtigten unterzeichnet wurde.

Der Feldzugang gestaltet sich eher einfach und gelang besonders dann gut, wenn bereits ein persönlicher Kontakt zwischen Lehrpersonen und der Forscherin oder ein Interesse an der Forschungsfrage bestand. Die beiden Lehrerinnen aus zwei verschiedenen Schulen, die den Unterrichtsbeobachtungen zustimmten, waren erfahrene bis sehr erfahrene Unterstufenlehrkräfte und arbeiteten schätzungsweise seit über zehn und über zwanzig Jahren als Lehrperson. Die untersuchten Schulklassen sowie die involvierten Lehrer*innen werden im Folgenden kurz und anonymisiert beschrieben.

Merikon – Vorortsgemeinde einer Großstadt

Merikon verfügt über eine dezentrale Schulstruktur. Die Kindergarten- und Primarstufe umfasst insgesamt 25 Schulklassen, die an mehreren Standorten unterrichtet werden. Dabei werden die Mehrheit der Klassen als Jahrgangsklassen geführt, nur die Kindergärten und vier Primarklassen sind jahrgangsgemischt.

Das Schulhaus im Zentrum von Merikon beherbergt nebst der Tagesschule einen Kindergarten sowie eine 1. und 2. Klasse der Primarschule. Es handelt sich um ein älteres, massiv gemauertes Gebäude mit verschiedenen Giebeldächern. Vor dem Schulhaus stehen zwei Laubbäume und ein Brunnen. Der breite, überdachte Schulhauseingang wird nur von den Kindergartenkindern genutzt, die Schulkinder benutzen den Seiteneingang. Der Schulhausplatz geht ums gesamte Schulhaus herum und bietet den Schüler*innen verschiedene Spielmöglichkeiten wie beispielsweise eine Schaukel, ein Spielhaus, einen Drehbaum und ein Fußball-/Basketballfeld.

Die 1. Primarschulklasse besuchen in diesem Schuljahr insgesamt 17 Kinder im Alter von 6 bis 7 Jahren. Davon sind 10 Kinder als Mädchen und 7 Kinder als Jungen lesbar. Die meisten Erstklässler*innen – von denen 6 zu Hause eine andere Erstsprache als Deutsch sprechen – stammen laut Angaben der Lehrpersonen aus Familien der mittleren Mittelschicht. Vier Kinder besuchen den Unterricht «Deutsch als Zweitsprache» (DaZ). Dieser Unterricht wird von einer weiteren Lehrerin einmal in der Woche in einem anderen Schulhaus erteilt. Bei einem Jungen wurde bereits im Kindergarten eine Hochbegabung diagnostiziert.

Zwei Lehrpersonen, Mirjam Zaugg und Martha Amstutz, teilen sich die Stelle, wobei Letztere mit 16 Lektionen die gesamte Klassenverantwortung trägt und Erstere mit 10 Lektionen als ‹Teilpensenlehrerin› in der Klasse tätig ist. Andrea Langenegger unterstützt die Klassen als Lehrperson für Integrative Förderung (IF).

Losslingen – eine ländliche Gemeinde eines größeren Kantons

Die Schüler*innen der 1./2. sogenannten ‹Mischklasse› mit Kindern aus unterschiedlichen Jahrgängen in Losslingen besuchen gemeinsam mit Kindern und Jugendlichen vom Kindergarten bis zur 9. Klasse die Schule. Die insgesamt 17 Klassen sind zentral im Dorf auf einem großen Schulgelände angesiedelt. Vom Kindergarten bis zur 8. Klasse gibt es 3 jahrgangsgemischte Parallelklassen; die 9. Klasse ist die einzige, die als Jahrgangsklasse geführt wird.

Die 1./2.a ist eine von 3 Mischklassen der Unterstufe, welche sich alle nebeneinander im Erdgeschoss des Primarschulhauses befinden. In diesem Schuljahr besuchen insgesamt 21 Schüler*innen im Alter von 6 bis 8 Jahren die 1./2.a. Darunter sind 11 Kinder als Mädchen und 10 als Jungen lesbar. In der jahrgangsgemischten Primarschulklasse sind 12 Schüler*innen im 1. Schuljahr, von denen eine Schülerin die zweijährige Einschulungsklasse absolviert, und 9 Schüler*innen im 2. Schuljahr. Über die Hälfte der Erstklässler*innen stammen laut

Angaben der Lehrperson aus Familien mit Migrationshintergrund der mittleren oder unteren Mittelschicht. Davon besuchen 3 Kinder den DaZ-Unterricht. Dieser Unterricht wird von einer weiteren Lehrerin einmal in der Woche angeboten.

Frau Wirz ist die Klassenlehrerin der 1./2.a und unterrichtet alle Fächer mit Ausnahme des Sportunterrichts. Zwei ‹Teilpensenlehrpersonen› unterrichten die jahrgangsgemischte Klasse im Halbklassenunterricht und eine IF-Lehrperson sowie eine Klassenassistenz unterstützen die Klasse mehrmals pro Woche.

3.2.2 Phasen des Datenerhebungs- und Auswertungsprozesses

Die Datenerhebungsphase startete im Februar 2022. Zu Beginn wurde die erste Primarschulklasse in Merikon viermal halbtageweise besucht, zuerst in einem wöchentlichen, dann in einem zweiwöchentlichen Abstand. Die Beobachtungen und ethnographischen Gespräche wurden in Feldnotizen festgehalten, zudem wurde die Datenbasis durch einzelne Tonaufzeichnungen des Geschehens ergänzt. Um im Feld weitere Forschungsentscheidungen bezüglich der Fallauswahl und der Interessensbereiche (wie Ergänzungen, Unklarheiten, Erweiterungspotenzial usw.) treffen zu können, fanden die ersten Analysen der Feldnotizen und Audioaufzeichnungen parallel zur Datenerhebung im Feld statt. Dagegen erforderte das gründliche Verfassen von Beobachtungsprotokollen und die ausführliche Analyse des umfangreichen Datenkorpus einen kompletten und lang andauernden Rückzug aus dem Feld (Breidenstein et al., 2013, S. 109–110). Dies lässt sich nicht nur durch die Distanzierung von dem Feld an sich begründen, sondern hauptsächlich über den hohen Zeitaufwand, der mit solch detaillierten Analysen einhergeht und den die Feldarbeit kaum zuließ. Daher unterscheiden sich die zeitlichen Abstände zwischen den vier Feldaufenthalten der ersten Forschungsphase. Die zweite Feldphase fand mit einem eher größeren zeitlichen Abstand (ca. einem Monat) zu der ersten Forschungsphase statt. So wurde die jahrgangsgemischte Klasse zwischen Ende April und Mitte Mai 2022 dreimal an einem Mittwochvormittag für 3 Lektionen jeweils mit einem wöchentlichen Abstand besucht. Auch hier wurden die Beobachtungen und ethnographischen Gespräche zunächst in Feldnotizen oder Audioaufzeichnungen dokumentiert, bevor sie in einem weiteren Feldrückzug im Mai und Juni 2022 zu ausführlichen Beobachtungsprotokollen verdichtet wurden.

Gemäß Breidenstein und Kollegen (2013, S. 100) geht mit dem Aufschreiben von Feldeindrücken, Äußerungen und Handlungen, also der Versprachlichung des Sozialen, in Beobachtungsprotokollen bereits eine erste Analyse des Feldes einher. Dies geht darauf zurück, dass bei der Verschriftlichung von Situationen und

Handlungsabläufen Forschende stets entscheiden müssen, was sie wie ausführlich und in welcher Sprache festhalten wollen. Die Analyse der Felddaten begann demnach schon in der Datenerhebungsphase und durchdrang den gesamten Forschungsprozess, gestaltete sich jedoch in zwischenzeitlichen Distanzierungen vom Feld ausgeprägter. In diesen langanhaltenden Analysephasen ging es in einem ersten Schritt um das Verfassen von Beobachtungsprotokollen und in einem zweiten Schritt um die Untersuchung der Daten mittels des mehrstufigen Codierverfahrens der Grounded Theory Methodologie. Aufgrund der Fülle des Datenmaterials zog sich die Codierung der Daten über mehrere Monate hin. Das Programm MAXQDA erleichterte einerseits die Erstellung einer Übersicht über die bereits herausgearbeiteten Codes, anderseits die Strukturierung dieser in Kategorien und Subkategorien.

In der Studie wurde im Zuge des offenen Codierverfahrens das Codesystem kontinuierlich verändert und erweitert. Schließlich umfasste das Codesystem (siehe Abb. 3.1) 1895 Codes, die zu diversen Ober- und Unterkategorien zusammengefasst wurden. Durch das Vergleichen und Gruppieren der vergebenen Codes hinsichtlich deren Ähnlichkeiten und Unterschiede, war es bereits im Zuge des offenen Codierens des ersten Feldprotokolls möglich, vielversprechende Phänomene zur Klärung der Forschungsfrage herauszufiltern. Diese wurden sodann in einem weiteren Analyseschritt «axial» zueinander in Beziehung gebracht. Die analytische «Metastruktur» (Breidenstein et al., 2013, S. 137) der Untersuchung gestaltete sich wie folgt:

Während das Protokoll über den ersten Feldkontakt in Merikon nach verschiedenen Kriterien intensiv codiert wurde, wurde in den nachkommenden Beobachtungsprotokollen der ersten Feldphase primär nach bereits vorhandenen Codes und Kategorien gesucht. Diese Forschungsstrategie wurde mit dem Ziel verfolgt, den zeitlichen Aufwand der Datenauswertung zu reduzieren und die Phänomene, die im Datenmaterial bereits rekonstruiert werden konnten, im Hinblick auf die Theoriebildung miteinander in einen Zusammenhang zu bringen. Im Verlauf des wiederholten Durchgehens und Verknüpfens der Beobachtungsprotokolle mit dem Ziel des Benennens und Kategorisierens der beobachteten Phänomene war das Vorgehen jedoch auch offen für die Entdeckung weiterer Strategien der Differenzherstellung im Datenmaterial. Durch diesen iterativ angelegten Forschungsprozess haben sich zusätzliche, relevante Eigenschaften der Differenzherstellung herauskristallisiert, die zur Optimierung der Theoriebildung beitrugen. Die hier beschriebene Arbeitsweise wurde auch zur Auswertung der Beobachtungsprotokolle der zweiten Feldphase angewandt.

Das *theoretical sampling* wurde in einem zweistufigen Verfahren vollzogen. Durch die Erstellung von Codewolken mittels des Programms MAXQDA (siehe

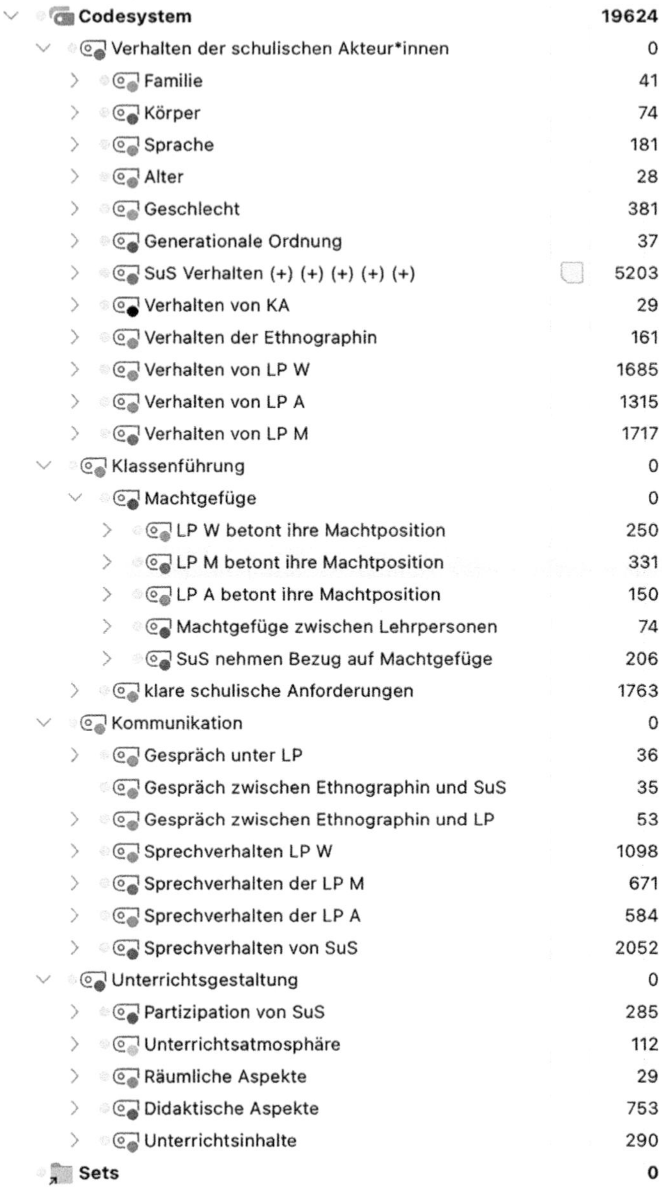

Abbildung 3.1 Codesystem erstellt mit MAXQDA

Abb. 3.2) konnten die deskriptiven Häufigkeiten der erstellten Codes veranschaulicht und näher untersucht werden. Dabei repräsentieren die Größenverhältnisse der Schriftzüge Codehäufigkeiten, d. h. je größer der Schriftzug, desto öfter wurde der zugewiesene Code vergeben.

Anhand der deskriptiven Häufigkeiten der Codes wurde ersichtlich, welche Ober- und Unterkategorien im Datenmaterial besonders oft in Erscheinung treten. Dieses Wissen erwies sich als hilfreich für die Arbeit mit dem Kodierparadigma, indem immer wieder Zusammenhänge zwischen den mehrfach auftauchenden Kategorien hergestellt und die beobachteten Phänomene der Differenzherstellung kontrastiv miteinander verglichen wurden. Dieser Prozess des selektiven Codierens zog sich über die gesamte Forschung hin und kulminierte sich in einem theoretischen Memo. In diesem Memo wurden zentrale Bereiche der Differenzherstellung sowie erste Theoriebausteine festgehalten, aus denen nach und nach die theoretischen Schlüsselkategorien hervorgingen, die immer wieder verfeinert und verändert wurden. Die endgültigen Schlüsselkategorien hinsichtlich der Differenzkonstruktion werden im nachstehenden Ergebnisteil präsentiert.

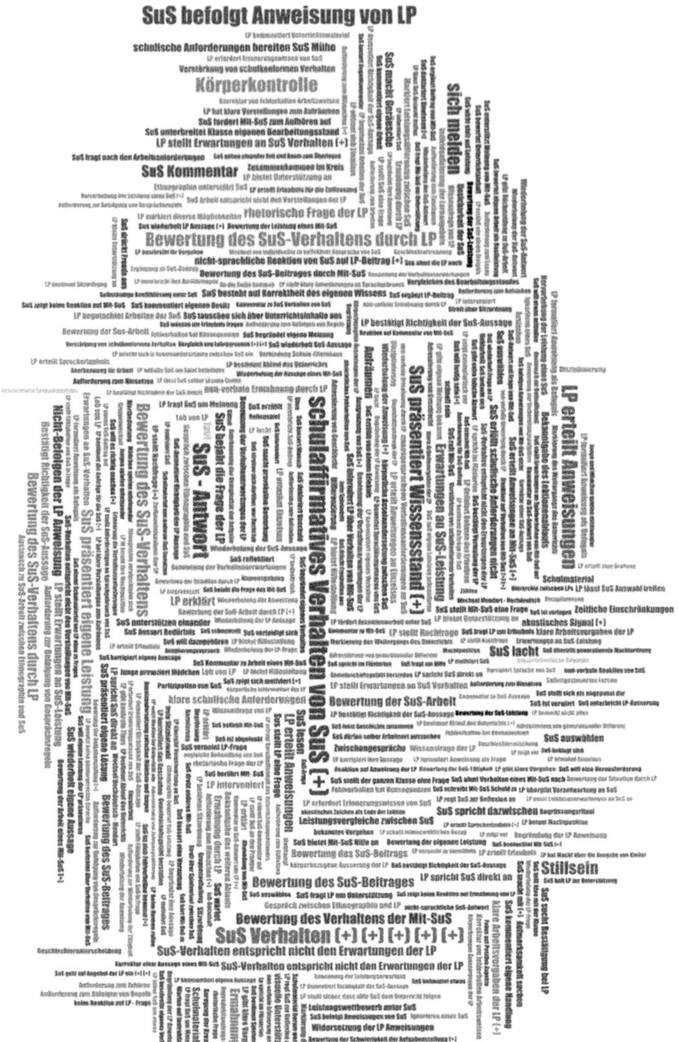

Abbildung 3.2 Codewolke erstellt mit MAXQDA

4 Rahmen der Differenzherstellung

Im vorliegenden Kapitel werden die wichtigsten Ergebnisse bezüglich der Herstellung sozialer Differenz im Kontext von Schule und Unterricht dargestellt. Mittels ausgewählter dichter Beschreibungen aus den Beobachtungsprotokollen werden die in den Handlungs- und Sprechweisen der schulischen Akteur*innen (re-)konstruierbaren Bedeutungen herausgearbeitet sowie im Kontext schulischen Handelns verortet. Dadurch soll dokumentiert werden, wie Lehrpersonen und Schüler*innen in ihrem Handeln und Sprechen Differenzen herstellen, modifizieren oder neutralisieren. Diese mikrosoziologischen Prozesse sind stets in makrosoziologische Strukturen eingebunden, hier insbesondere hinsichtlich der Institution Schule. Als gesellschaftliche Organisation gibt die Schule den Rahmen für das Handeln der schulischen Akteur*innen vor: Die Rollenstruktur, Aufgabenverteilung und die Art und Weise, wie Lehren und Lernen organisiert werden, sind in Gestalt von gesamtgesellschaftlichen Normen und Erwartungen definiert. Deshalb lassen sich Unterscheidungspraktiken der Lehrpersonen und Schüler*innen nicht losgelöst von den kontextspezifischen Gegebenheiten betrachten, sondern nur dann vollumfänglich verstehen, wenn man im Blick behält, welche gesellschaftlichen, institutionellen und kulturellen Faktoren ihre Rolle bedingen. In diesem Forschungskontext ist die Fokussierung der Interaktionen zwischen Lehrpersonen und Schüler*innen besonders aufschlussreich, weil sie aufzeigt, wie Differenzen nicht nur von außen an die Schule herangebracht werden, sondern durch pädagogische Praktiken gleichermaßen geschaffen oder stabilisiert werden.

Nach der Sichtung der Fülle des Datenmaterials kann angesichts der erforschten Praktiken der Differenzkonstruktion festgehalten werden, dass diese weitgehend auf eine Reihe normativer Erwartungen der Lehrpersonen (der Schule) gegenüber den Schulanfänger*innen ausgerichtet sind.

S. Mekacher, *Schule macht Schüler*innen*, Kindheit – Bildung – Erziehung. Philosophische Perspektiven, https://doi.org/10.1007/978-3-662-69599-9_4

Im Folgenden werden die aus dem Datenmaterial herausgearbeiteten zentralen Bereiche, die sich als konzeptionelle Eckpfeiler der Hervorbringung von Differenz im Schulalltag in Merikon (Schulkontext 1) und Losslingen (Schulkontext 2) erwiesen, mittels beobachteter Sequenzen eingehend beschrieben. Die schulischen Anforderungen, das Verhalten der schulischen Akteur*innen, das Machtgefüge innerhalb der Schulklassen und die Unterrichtsgestaltung werden dabei zwar aus analytischen Gründen als alleinstehende Bereiche dargestellt, sind jedoch als zusammenhängende Aspekte zu verstehen.

Das Feldmaterial wird hierbei teilweise anhand zweier Perspektiven auf den Schulalltag präsentiert – einerseits aus Sicht der Lehrpersonen, andererseits aus Sicht der Schüler*innen. Da die Handlungen der Lehrer*innen mit denen der Lernenden in einer wechselseitigen Abhängigkeit stehen, verschwimmen die Perspektiven und es ist schwierig, das Geschehen stets einer Seite zuzuordnen. Die analytische Trennung des Lehrer*innen- und Schüler*innenhandelns soll aber dazu beitragen, die Impulse der Lehrkräfte von den subkulturellen Reaktionen darauf, v. a. innerhalb der Peerkultur, stärker selektiv zu erfassen und in den Vordergrund zu rücken.

Die zitierten «dichten Beschreibungen» sowie deren dargelegten Deutungen sind als Ergebnis der (Re-)Konstruktion sozialer Wirklichkeit durch die Autorin anzusehen. Die Subjektivität dieses Verstehens steht im Zusammenhang mit der Positionierung der Forschenden im schulischen Feld, die am Schluss der vorliegenden Arbeit eingehend reflektiert wird.

4.1 Schulische Anforderungen

Die Lehrpersonen in Merikon wie auch jene in Losslingen stellen eine beachtliche Anzahl von schulischen Anforderungen an ihre Schüler*innen. Die in den Ausdrucksweisen der Lehrkräfte feststellbaren schulischen Ansprüche stehen in Verbindung mit den gesellschaftlichen Erwartungen an die Schule und den erwünschten Handlungsdispositionen von Lehrer*innen. Im Zuge ihres Rollenhandelns verkörpern sie die schulischen Anforderungen und (re-)produzieren sie. Die beobachteten schulischen Ansprüche können grob in Leistungs- und Verhaltenserwartungen unterteilt werden, in Merikon werden zusätzlich Anforderungen an die familiäre Lebenswelt der Schüler*innen gestellt.

4.1.1 Leistungserwartungen der Lehrpersonen

Die normativen Setzungen hinsichtlich der erwarteten Leistung der Kinder treten im Schulalltag in Merikon und Losslingen immer wieder zum Vorschein. Zum einen betreffen die Leistungserwartungen das Arbeitsverhalten der Schüler*innen, zum anderen die schulischen Leistungen. In ihrem Handeln lösen die Lehrpersonen das ein, was als an sie gestellte Erwartungen durch die Schule resp. die Gesellschaft (bspw. mittels Lehrpläne) wahrgenommen wird.

Die Lehrkräfte der beiden Schulkontexte stellen zahlreiche Wissensfragen an die Lernenden und setzen in ihrem Unterricht bereits erlernte (Wissens-) Kompetenzen zum jeweiligen Unterrichtsgegenstand voraus. Die Lehrerinnen betonen die Relevanz der vermittelten Unterrichtsinhalte und deklarieren die Schule als Ort des Lernens.

> «Frau Zaugg fragt nach der Bedeutung des Wortes, welches die beiden Lernenden erklären können. Danach werden sie aufgefordert noch ein Wort zu lesen. Die Lehrerin begründet dies: ‹Weil wir sind ja hier in der Schule.›» (Beobachtungsprotokoll 1A 9. Februar 2022, Pos. 1572–1575)

> «Frau Wirz erwidert: ‹Ja. Also, jetzt müssen wir warten, bis die Steine rum sind, weil eigentlich find ich es grad wichtig, was wir dazu drüber lernen, hä.›» (Beobachtungsprotokoll 2C 11. Mai.2022, Pos. 515–517)

In den erwähnten Passagen wird deutlich, dass das Lernen der Schulkinder in Merikon und Losslingen eng an Erwartungen zum Lern- und Arbeitsverhalten gebunden ist. Die Lernenden werden von allen beobachteten Lehrpersonen angehalten, sich aktiv am Unterrichtsgeschehen zu beteiligen und Arbeiten innerhalb eines bestimmten Zeitraumes zu erledigen. Solche Effizienz- und Effektivitätserwartungen sind an die organisatorischen Rahmenbedingungen der Schule gebunden und werden von den Lehrkräften im Unterricht folgendermassen aufgenommen:

> «Frau Zaugg warnt die Schüler*innen, dass die Bastelarbeit zu den Piraten und Piratinnen (sie benutzt dabei die männliche sowie die weibliche Form) bis zur grossen Pause fertig sein sollten» (Beobachtungsprotokoll 1B 16. Februar 2022, Pos. 1173–1175)

> «Frau Wirz ist bei Amelia und Elenas Arbeitsplatz und rät ihnen: ‹Düet doch hurti aui Charte verteile, weisch das dir chli vorwärts chömet.›» (Beobachtungsprotokoll 2C 11. Mai 2022, Pos. 836–838)

Ebenso werden die Schüler*innen in beiden Schulkontexten von den Lehrkräften klar darüber instruiert, wie sie ihre Arbeiten auszuführen haben. Zu den explizit ausgesprochenen Arbeitsvorgaben gehört auch eine sorgfältige Präsentation der eigenen Leistung – Abschreiben wird nicht toleriert.

> «‹Aber mir wär's wichtig, dass ihr wirklich versucht das Wort alleine zu schreiben und nicht beim Nachbar abzugucken, gell. [...] Aber die Wörter, die ihr schreibt, die müssen zu dem Wort passen, das ich gesagt habe.›» (Beobachtungsprotokoll 1C 9. März 2022, Pos. 567–574)

> «‹Ich denke am besten startet ihr grad mal mit diesem Blatt (sie nimmt die Postenblätter in die Hand) und schreibt hier euren Namen drauf. So, dass ihr den auch Morgen noch anschauen mögt oder in einer Woche. Also ein bisschen schön.›» (Beobachtungsprotokoll 2A 27. April 2022, Pos. 594–597)

Neben mündlich erteilten Anweisungen zur Auftragsausführung zeigen die Lehrpersonen oftmals exemplarisch vor, wie Aufträge zu bearbeiten sind.

> «Sie zeichnet daraufhin noch einmal den Anfang des Buchstabens in die Luft und meint: ‹Einen Bauch und einen Strich. Und der kleine r beginnt auch oben...›» (Beobachtungsprotokoll 1A 9.Februar 2022, Pos. 399–401)

> «Die Lehrperson reicht David das orange Papier und nimmt die Karten, welche die gleiche Farbe haben, zu sich. Sie erläutert: ‹Ich lese *der* und du suchst, wo *der* ist. Und zeigst mit dem Finger drauf. Ganz, so schnell wie möglich.›» (Beobachtungsprotokoll 2C 11.Mai 2022, Pos. 939–942)

Im Verlauf meiner Unterrichtsbesuche in Merikon und Losslingen konnte ich mehrmals beobachten, dass den Lehrkräften bewusst war, welch hohe Leistungsansprüche sie an die Lernenden stellen.

> «Eine neue Karte wird von der Lehrperson hochgehalten. Sie gibt ‹ou, das ist ein bisschen schwierig› als Kommentar ab. » (Beobachtungsprotokoll 1C 9. März 2022, Pos. 481–483).

Auch die Sprache steht in Merikon und Losslingen in einem Zusammenhang mit den Leistungsanforderungen der Schule. Während die meisten Erst- und Zweitklässler*innen untereinander vorwiegend auf Mundart kommunizieren, sprechen die Lehrerinnen mehr oder weniger konsequent Hochdeutsch. Der Sprachgebrauch der Lehrerinnen in Merikon variiert je nach Unterrichtssituation und familiärem Hintergrund der Schüler*innen. Der hochdeutsche Sprachgebrauch der

Schüler*innen wird von den Lehrpersonen nur in ausgewählten Situationen, wie hier dem Nacherzählen einer Bildergeschichte, erwartet.

> «Die Lehrerin weist noch darauf hin, dass es ganz wichtig sei, dass die Lernenden ihre Geschichte auf Hochdeutsch erzählen und sie es auch so üben sollen» (Beobachtungsprotokoll 1D 30. März 2022, Pos. 94–96)

In Losslingen hingegen spricht die Lehrperson mit einigen Ausnahmen ausschließlich Hochdeutsch und erwartet dasselbe von ihren Lernenden. Die folgende Erläuterung zeigt, dass sie hohe Anforderungen an die Sprechweise der Kinder stellt.

> «Einige Augenblicke später ruft die Lehrperson in die Klasse: ‹Alle Kinder sollen sich merken, dass es der Biber ist. Ich will niemand mehr hören, der die oder das Biber sagt.›» (Beobachtungsprotokoll 2C 11. Mai 2022, Pos. 618–620)

Nebst diesen wörtlich beschriebenen und diskutierten Vorgaben bezüglich der Ausführung von Aufträgen werden in der Schule ebenso implizite Leistungsanforderungen rekurriert, die wahrscheinlich nicht für alle Kinder gleichermassen evident sind.

> «Die Lehrerin fährt fort: ‹Was ihr jetzt machen dürft, wisst ihr ja.›» (Beobachtungsprotokoll 1A 9. Februar 2022, Pos. 1096–1097)

> «Bei Melery hilft die Lehrperson beim Zusammenkleben eines Augenspiels. Als Melery dann wortlos davonläuft, bemerkt die Lehrperson: ‹Bitte!› Der Kopf der Schülerin läuft ein wenig rot an und sie geht verlegen zu ihrem Sitzplatz zurück» (Beobachtungsprotokoll 2B 4. Mai 2022, Pos. 485–488)

Die aufgeführten schulischen Leistungserwartungen zielen auf die Herausbildung von «idealen Schüler*innen» ab, deren Leistungen den gesellschaftlichen Erwartungen (so bspw. dem Erreichen der Grundanforderungen der Kompetenzen des Lehrplans 21) genügen. Die pädagogischen Fachkräfte und die Lernenden treten hierbei Forderungen entgegen, deren Ursprung ausserhalb des Klassenzimmers liegt. Die Leistungsanforderungen verweisen auf die Unterscheidungskategorie *pupil,* die das Handeln und Sprechen der Lehrer*innen leitet und in mehrfacher Hinsicht hervorgebracht wird (z. B. über den geforderten Sprachgebrauch, die Präsentation des erlernten Wissens oder die Orientierung an zeitlichen Vorgaben).

4.1.2 Verhaltensanforderungen der Lehrpersonen

Nebst den Ansprüchen der Lehrpersonen ans Lern- und Arbeitsverhalten der Schüler*innen können im Datenmaterial zusätzliche Anforderungen ans Sozialverhalten der Kinder ausgemacht werden. Es wird von den Kindern verlangt, dass sie die vereinbarten Regeln des schulischen Zusammenlebens verinnerlicht haben und sich an diese halten. Die Verhaltensregeln beziehen sich mehrheitlich auf eine kontrollierte Körperpraxis. Bei der Beobachtung des Unterrichts in beiden Schulkontexten scheint es, dass die Körperbeherrschung eine der wichtigsten Aufgaben des Schüler*innenseins darstellt. So erachten die Lehrpersonen die Stilllegung des Körpers und die Fokussierung der Aufmerksamkeit auf den Unterricht für einen reibungslosen Unterrichtsablauf als unabdingbar. Primär im Schulkontext 1 wird die Disziplinierung der Schüler*innenkörper immer wieder zum Thema und wird von den Lehrerinnen eindringlich als wichtigste Grundanforderung hierarchisiert und normiert. Sie betont dabei die universelle Gültigkeit der Anforderung, die vom Kleinkindalter bis in die Schule reicht.

> «Frau Zaugg: ‹Pscht, hört mir zu. Die aller, aller wichtigste Regel ist, wenn jemand sagt Stopp, dass ihr dann aufhören müsst. Sei das beim Rangeln oder sonst beim Fangis spielen. Wenn ein Kind sagt *Stopp*, dann musst du wirklich aufhören. ›» Markus klopft mit der Hand auf seinen Hocker und stampft einmal auf den Boden mit seinem Fuß.
>
> Die Lehrerin fügt an: ‹Das gilt für alle, alle Kinder. Das lerne ich sogar schon meinem Sohn. Wenn man sagt *Stopp* muss man aufhören. ›
>
> Luan fragt: ‹Het er das scho glehrt? ›
>
> Frau Zaugg antwortet: ‹Er ist es am Lernen. Es funktioniert noch nicht immer. ›
>
> Markus prustet laut vor sich hin. Hamsa will wissen: ‹Dein kleine Kind? ›
>
> Frau Zaugg: ‹Aber der ist 2.5 und ihr seid wie alt? ›» (Beobachtungsprotokoll 1A 9. Februar 2022, Pos. 1764–1774)

Die Fähigkeit, den eigenen Körper zu regulieren, gilt in Schulkontext 1 als Voraussetzung, um im Klassenzimmer zu bleiben, wie das nachstehende Beispiel zeigt.

> «‹Wer sich nicht beherrschen kann. Ich habe nachher etwas mega Kuules geplant. Wer sich nicht beherrschen kann, darf dann halt nicht mit uns das machen, sondern muss im anderen Zimmer etwas für sich arbeiten. ›» (Beobachtungsprotokoll 1D 30. März 2022, Pos. 1333–1336)

Im Schulkontext 2 wird in Bezug auf die Kontrolle des Körpers oft auf das Regelwissen der Lernenden hingewiesen. So weist die Lehrerin ein Kind zurecht, indem sie sagt: «Du stehst nicht auf dem Pult, das weisst du» (Beobachtungsprotokoll 2 A 27. April 2022, Pos. 895–896).

In beiden Schulkontexten vertreten die Lehrerinnen die Meinung, dass die Ruhigstellung der Schüler*innenkörper eine Voraussetzung für Disziplin ist. Sie erlegen ihren Lernenden eine Reihe grundlegender Normen auf, um sprachliche Äußerungen zu regulieren. Die Lehrpersonen zielen damit auf ein Höchstmaß an mentaler Aktivierung aller Beteiligten ab. Das normative Ideal lautet: Die gesamte Aufmerksamkeit der Kinder soll auf die Erklärungen und Ausführungen der Lehrerin gerichtet sein. Die Primarschullehrkräfte führen das angemessene Verhalten immer wieder vor, um die Kinder daran zu erinnern, wie sie sich im Klassenzimmer zu verhalten haben. Es gilt, sich zu melden, aufmerksam zuzuhören und sich auf den Unterricht zu konzentrieren.

> «Frau Zaugg erwidert ein Pscht und beginnt ein Klatschmuster, das sie nach einigen Sekunden bereits beendet und nun ihre Arme verschränkt›» (Beobachtungsprotokoll 1C 9. März 2022, Pos. 1154–1156)

> «Frau Langenegger reagiert und ermahnt: ‹Und gell das Publikum, das ist erstens mucksmäuschen still.› Ein Kind klatscht und singt daraufhin, aber die Lehrerin spricht weiter. Sie sagt: ‹Zweitens wird nichts Dummes reingeschwatzt oder kommentiert und drittens machen wir am Schluss einen kleinen Applaus. ›» (Beobachtungsprotokoll 1D 30. März 2022, Pos. 713–717)

> «Mike führt den Auftrag nicht aus. Die Lehrperson wendet sich an ihn: ‹Du auch, Hallo. Was sollst du machen?› (Beobachtungsprotokoll 2B 4. Mai 2022, Pos. 260–261)

In Merikon besprechen die Fachkräfte ihre Erwartungen an das Verhalten der Erstklässler*innen häufig im Klassenverband. Es könnte eine didaktische Überlegung der Lehrerinnen sein, dass regelkonformes Verhalten am effektivsten verinnerlicht werden kann, wenn es bewusst erlernt wird. Die Lernenden werden aufgefordert, die wichtigsten schulischen Verhaltensregeln zu benennen und anhand von Erfahrungswissen zu begründen. Es werden organisationskonforme Aussagen verlangt und der Fokus liegt auf dem erwünschten Schüler*innenverhalten, das sich in diesem Unterrichtsauszug auf das Benehmen gegenüber den Mitschüler*innen bezieht.

«Daraufhin fragt Frau Zaugg alle Schüler*innen: ‹Wie verhalte ich mich in der großen Pause? ›

Yannick meldet sich und sagt: ‹Bös!› Frau Zaugg hebt ihre Augenbrauen, schaut Yannick an und antwortet nach einer Weile: ‹Und jetzt überlegst du dir es nochmal und gibst mir eine richtige Antwort, sonst bleibst du drinnen.›

Ich höre zwei Mädchen sagen: ‹I weiss es.›

Frau Zaugg schaut Yannick auffordernd an und meint: ‹Also?›

Yannick erwidert: ‹Gut.›

Frau Zaugg: ‹Was bedeutet das?›

Yannick: ‹Lieb.›

Frau Zaugg: ‹Was bedeutet lieb sein?›

Yannick: ‹Eh, nid blöd due.›

Frau Zaugg: ‹Hat jemand anderes noch eine Idee?›

Etliche Schüler*innen melden sich.

Emilija wird an die Reihe genommen und äußert sich: ‹Dass man niemanden schubst.›

Frau Zaugg: ‹Ja. Sagt mir doch, wie ihr euch verhalten sollt und nicht wie nicht. Sondern wie ist gut? Sofi?›

Sofi: ‹I däm dassme enang nid schlaht.›

Frau Zaugg: ‹Das ist wie es nicht gut ist. Aber wir wollen hören, wie es, wie du dich verhalten sollst.›Ich beobachte Luan und Markus, die einander immer wieder kurz mit der Hand berühren. Sie scheinen an der Diskussion nicht teilzunehmen.

Malea meldet sich: ‹Nett zueinander sein.›

Frau Zaugg: ‹Nett sein zueinander, genau. Dario?›

Dario: ‹Ehm. Nid schlage.›

Frau Zaugg: ‹Was heisst das? Wie solltest du dann?›

Dario: ‹Mmm. Fründlech si.›

Frau Zaugg: ‹Genau, sehr gut. Freundlich sein.›» (Beobachtungsprotokoll 1B 16. Februar 2022, Pos. 1217–1244)

Verhaltenserwartungen, die auf die Koordination der Handlungen der Schüler*innen abzielen, tragen ebenfalls zur Aufrechterhaltung von Ordnung und Disziplin bei. Die einheitliche Konditionierung der Kinderkörper geschieht in beiden Bildungseinrichtungen über diverse Praktiken, ein Beispiel dafür ist das Klingeln einer Glocke. Das akustische Signal wird in Zusammenhang mit dem Aufräumen der Unterrichtsmaterialien (Schulkontext 1 & 2) oder mit der Aufforderung zum aufmerksamen Zuhören (Schulkontext 2) benutzt.

> «Frau Zaugg kündigt an, dass die Lernenden nun die kleine Pause machen dürfen, dies jedoch leise tun und gut auf das Windspielsignal hören sollen. Sie erläutert: ‹Wenn es läutet, räumst du sofort auf und kommst wieder in den Kreis.›» (Beobachtungsprotokoll 1B 16. Februar 2022, Pos. 844–847)

> «Barbara gibt mir ihr Einverständnis und klingelt die Glocke auf ihrem Tisch einmal. Sie ruft: ‹Es lohnt sich, rasch in den Kreis zu kommen.›» (Beobachtungsprotokoll 2C 11.Mai 2022, Pos. 350–352)

Zu den Anforderungen an die Verhaltensweisen der Schüler*innen zählt ebenfalls der Umgang mit schulspezifischen Gegenständen. Der richtige Umgang mit diesen Artefakten wird von allen Lehrpersonen explizit erläutert und häufig begründet.

> «Frau Zaugg: ‹Ja, Sorge tragen hmm. Das sind die Gemüse, die du gemacht hast aus Salzteig. Musst du ganz fest Sorge haben zu diesen Gemüsen.›» (Beobachtungsprotokoll 1D 30. März 2022, Pos. 1024–1025)

> «‹Wenn ich Sachen auf den Tisch lege, dann lässt er, ihr das auf dem Tisch. Vorhin haben wir ewig lang den Maßstab gesucht. Wenn man das einfach mitnimmt und dann legt man's nicht mehr zurück, wird's mühsam.›» (Beobachtungsprotokoll 2B 4. Mai 2022, Pos. 536–540)

Zusätzlich zu den oben beschriebenen, explizit formulierten und diskutierten Anforderungen an das Verhalten der Schüler*innen und die Erledigung von Aufgaben gelten in den beobachteten Schulklassen ebenfalls implizite Anforderungen, die vermutlich nicht für alle Kinder offensichtlich sind.

> «Jemand imitiert das Räuspern und die Lehrerin streckt Yannick ihre Hand hin (wahrscheinlich als Zeichen dafür, dass der Junge ihr das Spielzeug abgeben soll)» (Beobachtungsprotokoll 1D 30. März 2022, Pos. 1416–1418)

> «‹So, wir zählen von 10 zurück.› Die Erstklässler*innen und die Lehrperson zählen anschließend von 10 zurück auf 0. Cagla sagt zu Kilian: ‹Kilian schnell!› Cagla rennt in den Kreis, Kilian folgt ihr» (Beobachtungsprotokoll 2B 4. Mai 2022, Pos. 711–714)

Generell wird das Verhalten der Schulkinder in Merikon und Losslingen mit Hilfe von Geboten und Verboten geregelt, vereinheitlicht, koordiniert und in seiner Wirksamkeit verbessert. Mit diesem *doing pupil* wird das Zusammenspiel der schulischen Akteur*innen auf den verschiedenen Ebenen festgelegt, Arbeitsabläufe werden definiert, beschleunigt oder verlangsamt und Störfaktoren eliminiert. Kurzum: Die Verhaltensanforderungen der Lehrerinnen streben die Herstellung und Aufrechterhaltung von schulischer Disziplin und Ordnung an.

4.1.3 Anforderungen an die Familien der Schüler*innen

Die Lehrkräfte der beiden Schulkontexte greifen in ihrem Unterricht in mehreren Momenten die soziale Lebenswelt der Familie auf. Die Zusammenarbeit der Schule mit der Familie wird von ihnen als unabdingbare Voraussetzung für die adäquate Unterstützung der Lernenden angesehen. Sie bestehen auf einer gemeinsamen Verantwortung für die Bildung und Erziehung der Kinder. Demnach werden von den Lehrpersonen diverse Anforderungen ans Elternhaus gestellt, wie etwa welche schulorganisatorischen Aufgaben die Eltern zu übernehmen haben. Die ausgewählten Unterrichtssequenzen illustrieren zudem, welches kollektive Wissen zu Schulmaterial die Lehrpersonen von den Eltern voraussetzen. Es wird erwartet, dass die Eltern informiert sind, dass jedes Kind Hausschuhe besitzen muss. Bemerkenswert hierbei ist, dass in Merikon die schulbezogenen Verantwortlichkeiten hauptsächlich der Mutter und in Losslingen eher dem Vater übergeben werden.

> «Max erklärt, dass er auch solche Haifischfinken wie Albion wolle. Frau Zaugg erwidert: ‹De muesch es dim Mami säge.›» (Beobachtungsprotokoll 1A 9. Februar 2022, Pos. 1656–1657)

> «‹Wo si dini Finke?› Jonathan antwortet, dass er keine habe, da die alten Finken zu klein geworden seien und er noch keine neuen habe. Frau Langenegger fragt weiter: ‹Hesch ar Mama gseit wäg de Finke? Das isch wichtig!› Jonathan bejaht die Frage der Lehrerin (Beobachtungsprotokoll 1B 16. Februar 2022, Pos. 31–34)

> «‹Mike du musst es nicht jetzt lesen, gell. Nur Papa geben, das ist alles.› Kilian fragt: ‹Und nicht Mama?› Frau Wirz antwortet: ‹Oder Mama. Das ist mir egal.›» (Beobachtungsprotokoll 2B 4. Mai 2022, Pos. 844–846)

Die in diesem Kapitel dargelegten, von den Lehrkräften explizit benannten institutionsrelevanten Verhaltensweisen und Einstellungen zielen auf die Herausbildung und Inkorporierung von konformen Schüler*innendispositionen (*doing pupil*) ab. Die klaren normativen Setzungen bezüglich des erfolgreichen, schulkonformen Verhaltens und Leistens sollen den Kindern deutlich machen, was als angepasstes Schüler*innensein erachtet wird. Zusätzlich wird im *doing pupil* der Lehrer*innen ein impliziter schulischer Verhaltenskodex ersichtlich, der sich in Anforderungen an den Sprachgebrauch der Lernenden (*doing legitimate language*), deren Umgangsformen und familiären Unterstützungsleistungen bzw. Lebensstile niederschlägt. Da diese Standards auf Normen der Mittelschicht beruhen, sind sie wahrscheinlich nicht allen Kindern gleich zugänglich und verweisen deshalb auf die Unterscheidungskategorie *class*.

Des Weiteren greift die Unterstufenlehrperson in Schulkontext 1 das Alter der Kinder im Rahmen der Benennung der Verhaltensanforderungen auf. Sie definiert die Kinder aufgrund ihres Altes als Schulkinder, die ein gewisses Maß an verhaltensbezüglichen Übereinkünften erfüllen sollen. Die Lehrkraft nutzt das *doing age* als Instrument der Sozialisation. Je nach Situation tritt demnach das *doing pupil* gemeinsam mit weiteren Unterscheidungskategorisierungen in den Vordergrund, welche dieses überlagern oder es vorübergehend an Relevanz verlieren lassen.

4.2 Verhalten der schulischen Akteur*innen

Das beobachtete Verhalten der schulischen Akteur*innen in beiden Schulkontexten wird im Folgenden in die Verhaltensweisen der Lehrpersonen und Schüler*innen unterteilt. Die Handlungen weiterer Fachkräfte, die am Unterrichtsgeschehen beteiligt waren, wie die Klassenassistenz oder andere Lehrer*innen, werden aus forschungspragmatischen Gründen ausgeblendet.

4.2.1 Verhalten der Lehrpersonen

Die Verhaltensweisen der Lehrpersonen, die im Klassenzimmer beobachtet werden können, zeigen sich äußerst vielfältig und sind mit simultan ablaufenden (für den*die Beobachtende*n nicht ersichtlichen) Wahrnehmungsprozessen verknüpft. Bei der Teilnahme am Unterricht in Merikon und Losslingen wurde deutlich, dass die Lehrkräfte neben der Vermittlung von Wissen und Fertigkeiten gleichzeitig immer wieder die soziale Beziehung zwischen sich und den Schüler*innen durch sprachliches und nichtsprachliches Verhalten definieren. Lehrer*innenverhalten stellt somit die Summe aller verbalen und nonverbalen Aktivitäten dar, die diese*r im Rahmen des Unterrichts zeigt. Aufgrund der Fülle der Verhaltensweisen von Lehrpersonen konzentriere ich mich in der vorliegenden Arbeit auf drei für meine Forschung relevanten Dimensionen: die Bewertung des Verhaltens der Schüler*innen, die Rückmeldungen zu den Schüler*innen-Leistungen und die

Unterstützung der sozialen Interaktion der Lernenden. Allgemein erlebte ich die Lehrerinnen der beiden Schulkontext als aufrichtig, engagiert und einfühlsam.

> «‹Guute Morgen Lisa. Bisch wieder gesund?› Lisa nickt. Frau Zaugg bemerkt: ‹Super, schön geits dir besser.›» (Beobachtungsprotokoll 1B 16. Februar 2022, Pos. 55–57)

Der Umgang mit den Kindern war stets von Wohlwollen geprägt und die Lehrkräfte zeigten Interesse an der Lebenswelt der Lernenden. In Merikon sorgte Frau Langenegger wiederholt dafür, dass Humor zu einem festen Bestandteil des Unterrichts wurde.

> «Frau Langenegger meint: ‹Ja, wir haben ein Problem. Entweder müssen wir Kinder nach Hause schicken oder dazu holen. Wie lösen wir das Problem? Gehst du kurz im Migros 2 Kinder einkaufen?›» (Beobachtungsprotokoll 1B 16. Februar 2022, Pos. 418–420)

Alle beobachteten Lehrpersonen zeigten Flexibilität in ihren Reaktionen auf das Geschehen innerhalb der Schulklasse und reflektierten und begründeten ihr eigenes Unterrichtshandeln offen.

> «‹Ja, es sind ein bisschen kleine Bilder hä›, meint die Klassenlehrerin bezüglich der Bilder in der Kreismitte. Sie fügt an: ‹Eigentlich hab ich gedacht, wir nehmen dann den Visualizer.›» (Beobachtungsprotokoll 2A 27. April 2022, Pos. 490–493)

Bewertung des Verhaltens der Schüler*innen

Das unausgesprochene Ziel aller Lehrkräfte der untersuchten Schulklassen ist dasselbe: Sie wollen einen möglichst reibungslosen Ablauf des Unterrichts und ein konfliktfreies Miteinander der Schüler*innen ermöglichen, indem sie die Einhaltung von Regeln einfordern. Die Kinder werden dazu verpflichtet, den Ausführungen und Aufträgen der Lehrpersonen ihre ungeteilte Aufmerksamkeit zu schenken. Ein Verstoß gegen diese Forderung wird in der Regel als Störung angesehen und auf unterschiedliche Art und Weise sanktioniert. Grundsätzlich erfolgt auf eine Unterrichtstörung meist zuerst eine verbale oder non-verbale Ermahnung der Lehrkraft, die als Erinnerung an die geltenden Verhaltensanforderungen dienen soll. Die Ermahnungen werden in Losslingen in Einzelfällen, in Merikon wiederholt von Suggestivfragen wie zuweilen auch von physischem Eingreifen begleitet, in denen die Machtposition der Lehrperson zum Vorschein tritt.

«Frau Zaugg zeigt Markus ein Stillezeichen (Finger auf Mund), packt Dario am Arm und verlangt: ‹Du verhältst dich gerade so, wie man das verlangt in der Schule. Hast du mich verstanden?›» (Beobachtungsprotokoll 1B 16. Februar 2022, Pos. 1741–1743)

«Kilian spielt nun auch mit seinen Stiften und macht Geräusche damit. Frau Wirz nimmt seine rechte Hand und zieht sie von seiner anderen Hand weg. Danach lässt sie die Hände des Jungen wieder los» (Beobachtungsprotokoll 2B 4. Mai 2022, Pos. 283–285)

Mit der Aufforderung an die Kinder zur Befolgung der etablierten Verhaltensregeln werden in beiden Schulkontexten unterschiedlich häufig Androhungen von Konsequenzen für weiteres Fehlverhalten ausgesprochen, die dann auch durchgesetzt werden.

«Yannick, Luan und Markus rangeln auf dem Teppich, da kommt Frau Langenegger ins Nebenzimmer. Sie kommentiert das Geschehen: ‹Ou aber nä-ä, so de gad sicher nid!› Die Jungen kämpfen weiter auf dem Boden und lachen dazu. Die Lehrperson erhebt ihre Stimme und sagt: ‹Markus, Yannick, Luan gad richtig härehocke. I säges eis einzigs Mau, wär nid fouget, dä geit übere.›

Yannick lacht und meint: ‹Auso, i ga übere.›

Frau Langenegger: ‹Los ids. Ids hörsch du sofort uf dr Steu uf immer so fräch z due u usezhöische!›

Yannick wendet sich ab. Frau Langenegger fragt deutlich: ‹Yannick. Hesch mi verstange?›

Yannick: ‹Ja.›

Frau Langenegger: ‹Auso. Härehocke, ufpasse! Mi dünkts ir letschde Zyt riist das rächt ih. Du weisch genau, wes bir Frou Amstutz nid geit, de geits bi mir ou nid.›

Markus: ‹De geits bi dir ou scho.›

Frau Langenegger: ‹U du muesch gad nid afah, Markus.›

Markus flüstert: ‹De muessi gad afah.›

Frau Langenegger: ‹Hesch mi verstange?›

Markus schmunzelt und sagt: ‹Jaaa.›

Frau Langenegger: ‹Auso, de hörsch sofort uf!›

Markus: ‹Neeei.›

Frau Langenegger schaut Markus an und zeigt nach einigen Sekunden zur Tür: ‹Markus übere. So wott ig di hiä nid ha. Geisch übere, geisch a Tisch. Chasch gad ga schaffe. So brucheni di hiä nid.› Markus steht langsam auf, sein Gesicht läuft rot an und er geht zur Tür.» (Beobachtungsprotokoll 1B 16. Februar 2022, Pos. 964–989)

In der oben ausgeführten Unterrichtssituation markiert Frau Langenegger klar ihre Machtposition und betont die Ernsthaftigkeit ihrer Ermahnung. Zu akzentuieren ist die verallgemeinernde Bewertung des Verhaltens von Yannick: Er ist immer frech und widerspricht der Lehrperson. Sie schiebt einen erläuternden Zusatz nach, indem sie ihre pädagogische Autorität, mit der der Klassenlehrerin gleichstellt und sie ausdrücklich unterstreicht. Auf die Zurückweisung des von der Lehrperson aufgestellten Machtgefälles durch Markus erfolgt gleich eine Zurechtweisung von Frau Langenegger. Der letztliche Unterrichtsausschluss von Markus und die Verhängung einer Strafarbeit wird von der Lehrkraft als Beispiel der Konsequenzen bei einer Nichtbeachtung einer Anordnung vorgeführt. Dergleichen dient das Verhalten anderer Erst-/ Zweitklässler*innen in Merikon und Losslingen als Exempel, an dem von den Lehrpersonen erläutert wird, was man zu tun und zu lassen hat.

> «Emilija ruft weiterhin ‹Frou Zougg, Frou Zougg, Frou Zougg›. Nun dreht sich die Lehrerin um und ruft: ‹Scht! Hey! Wenn du etwas sagen willst, dann hältst du die Hand hoch!›» (Beobachtungsprotokoll 1D 30. März 2022, Pos. 1207–1210)

> «Cagla ruft ‹braun›. Auch andere Kinder rufen Farben in die Runde. Die Lehrperson hält ihren Finger in die Luft und kommentiert: ‹Wir haben immer die Hand hoch.›» (Beobachtungsprotokoll 2C 11. Mai 2022, Pos. 600–602)

Die korrekte Regelpraxis ist im Alltagsgeschehen der erforschten Unterstufenklasse ein von Lehrpersonen hoch angesetztes Ziel schulischer Sozialisation. Sie wird mit den Lernenden gemeinsam erarbeitet, stets im Auge behalten und bei Zuwiderhandlung individuell oder, wie das folgende Beispiel zeigt, kollektiv gemaßregelt.

> «Die Lehrerin meint dazu: ‹Uuh Giele, Giele, Giele. Luget emau. D' Malea hets nid gärn, dr Dario hets nid gärn und i has ou nid gärn. Wüsstdr werum?›» (Beobachtungsprotokoll 1B 16. Februar 2022, Pos. 649–651)

Mit der Adressierung des Geschlechts der Unruhestifter bezeichnet die Lehrerin die Jungen als Abweichler. Ihr Verhalten wird mit dem Verweis auf die Befindlichkeit der Lehrperson und die der Mitschüler*innen als unerwünscht deklariert. Die Schüler werden dazu angehalten, ihr unangemessenes Verhalten zu unterbinden und sich am Wohl des Kollektivs auszurichten. Zusätzlich sollen sie der Lehrperson eine Begründung der Forderung zur Verhaltensänderung liefern. In dieser Situation wird zugleich das Wissen um Geschlecht reproduziert. Dadurch, dass die störenden Schüler als Jungen angesprochen werden, wird ihr negatives Verhalten als geschlechterspezifische Eigenschaft eingeordnet. Ein wenig später, in der gleichen Unterrichtslektion, ereignet sich eine vergleichbare Szene. Das Geschlecht der Lernenden wird auch diesmal im Zusammenhang mit der Beurteilung ihres Verhaltens angesprochen. Durch das normalisierende Eingreifen der Lehrerin unterstreicht sie die mangelhafte Körperkontrolle der Jungen und klassifiziert ihr Verhalten als nicht «passend».

> «Im weiteren Spielverlauf werden Yannick und Luan nochmals dazu angehalten ihr Spielverhalten zu ändern. Frau Langenegger: ‹Giele, müesst gad gar nid so id Startlöcher. Das wott ig nid.› Die beiden Jungen setzen sich auf den Boden. Ihre Hände positionieren sie aber so, dass sie sich schnell hochzuziehen können, um einen freien Stuhl zu ergattern. Die Lehrerin interveniert noch einmal: ‹Giele, dir startet mir när nid düre. Dir göht ganz normau.› Im nächsten Moment, in dem ein Stuhlplatz frei wird, rennen die beiden Schüler trotzdem nach vorne. Frau Langenegger kommentiert: ‹Ganz normau. Es het gnue Plätz.›» (Beobachtungsprotokoll 1B 16. Februar 2022, Pos. 1142–1152)

In Losslingen wird das Geschlecht zwar im Zuge einer Ermahnung nie zum Thema, jedoch haben die Ermahnungen der Lehrpersonen beider Schulkontexte gemeinsam, dass die Kinder mit dem Einsatz rhetorischer Stilmittel nach dem Grund ihres regelverletzenden Verhaltens gefragt werden.

> «Valentina steht auf und will Emilija gerade die Geschichte erzählen, da interveniert die Lehrerin. Frau Zaugg: ‹Hey! Jetzt chunsch du a Platz Valentina. Was machst du da?›» (Beobachtungsprotokoll 1B 16. Februar 2022, Pos. 1508–1510)

> «Die Klassenlehrperson unterbricht das Mädchen, da Irena ihre Sitznachbarin schubst. Frau Wirz äußert sich: ‹Ehm. Exgüse. Irena, was ist los? Komm bitte grad da.›» (Beobachtungsprotokoll 2A 27. April 2022, Pos. 929–931)

Ferner kommt es vor, dass die Lehrkräfte keine Reaktion auf das Übertreten von Regeln zeigen resp. das Verhalten von Lernenden ignorieren, dies geschieht aber sichtlich seltener als die Aussprache einer Ermahnung.

> «Max meldet sich und erklärt zweimal: ‹I möchte öpis säge.› Frau Zaugg ignoriert Max und fragt die Klasse: ‹Wie geht es wohl der Katze in diesem Moment?›» (Beobachtungsprotokoll 1C 9. März 2022, Pos. 1301–1303)

> «Frau Langenegger: ‹Jaa. Noch besser halbieren, gell. Kann denn mir jemand die Zahl 16 halbieren? Das heisst in zwei gleich große Gruppen einteilen?› Ich höre Dario, der mehrmals hintereinander ‹Acht und Acht› sagt, von der Lehrerin aber nicht beachtet wird.» (Beobachtungsprotokoll 1C 9. März 2022, Pos. 176–179)

> «Ivo stellt im Anschluss eine unverständliche Frage, die Lehrerin geht nicht darauf ein, sondern nimmt Jonas an die Reihe, der sich per Handzeichen gemeldet hat.» (Beobachtungsprotokoll 2C 11. Mai 2022, Pos. 462–464)

Die erwähnten Kommentare der Lehrpersonen zu einzelnen Vorkommnissen lassen sehr genau erkennen, was von ihnen als erfolgreiches, organisationskonformes und lernförderndes Schüler*innenhandeln erachtet wird. Die Bewertung des Verhaltens der Lernenden schwingt in jeder Reaktion auf Unterrichtsstörungen mehr oder weniger offensichtlich mit. Die Ruhigstellung des Schüler*innenkörpers wird hierbei als wichtigste Determinante zur Beurteilung des Arbeits- und Sozialverhaltens herangezogen.

> «Emma-Lou lehnt sich mit ihrem Rücken an den Schrank an. Frau Langenegger flüstert zu ihr: ‹Zuelose.›» (Beobachtungsprotokoll 1D 30. März 2022, Pos. 182–183)

> «Sofi steht auf ihrem Stuhl, aber nur Albion wird von Frau Langenegger zum richtigen Sitzen angewiesen (Beobachtungsprotokoll 1D 30. März 2022, Pos. 895–896)

> «In diesem Augenblick kommt Barbara ins Schulzimmer und lobt die Klasse, wie gut sie alle am Platz sitzen und arbeiten.» (Beobachtungsprotokoll 2C 11.5.22, Pos. 404–405)

In den oben erläuterten Unterrichtssequenzen lässt sich im Verhalten der Lehrpersonen zum einen eine Verstärkung von schulkonformen Verhalten erkennen und zum anderen wird sichtbar, dass bei einem Regelbruch nicht allen Schulkindern die gleiche Sanktionierung widerfahren. So werden in Merikon Jungen markant häufiger für das Nichtbefolgen von unterrichtlichen Verhaltensnormen gerügt, die auf die Kontrolle und Disziplinierung des Körpers abzielen. Körperbeherrschung wird von den Lehrer*innenso eindringlich thematisiert wie kein anderes Anliegen und für die Aufrechterhaltung von Disziplin und Ordnung als vorrangige Aufgabe des Schüler*innenseins betrachtet. Es lässt sich anhand der Ausführungen zu den Reaktionen der Schüler*innen auf die Anweisungen der Lehrpersonen im Abschnitt 4.2.3 schließen, dass den Kindern die geschlechterdifferenzierte Handhabung der «Niemand-schwatzt-drein-Regel» bewusst ist und sich daraus Geschlechterstereotypisierungen wie die des «lauten, unangepassten Jungen» (re-)produzieren. Nebst dieser Stigmatisierung über das *doing gender* lässt sich vermuten, dass die Mädchen aus der geschlechterungleichen Sanktionierung eine Unterregel abgeleitet haben, die besagt, dass ein Regelverstoß ihrerseits zulässig ist.

Darüber hinaus sind in den Bewertungen des Schüler*innenverhaltens die schulischen Anforderungen unverkennbar, diszipliniertes Arbeiten und die aktive Teilhabe am Unterricht haben die beobachteten Lehrerinnen als hohen Wert etabliert. Wie die nachkommenden Unterrichtsausschnitte demonstrieren, gewichten die Lehrerinnen ihre Unterrichtsvorhaben höher als die Begehren der Lernenden. Sie erwarten von den Kindern, dass sie ihre persönlichen Bedürfnisse zugunsten der Zielerreichung in der Gruppe vorübergehend zurückstellen können.

> «Yannick pfeift und Hamsa will ihr Pult putzen. Sie geht zur Lehrerin und meint: ‹Ich brauche ein Schwamm.› Frau Zaugg antwortet: ‹Nein, du arbeitest jetzt. Das kannst du in der Pause machen.›» (Beobachtungsprotokoll 1C 9. März 2022, Pos. 244–247)

> «‹Das werden wir dann so machen. Genau, aber jetzt haben wir NMG und wollen gerade starten.› Ivo meldet sich per Handzeichen. Frau Wirz fragt: ‹Ivo ist es wichtig?›» (Beobachtungsprotokoll 2B 4.Mai 2022, Pos. 133–135)

> «‹Und ich habe einen kleinen Wettkampf gemacht vorhin, Mädchen gegen Jungs. [...] Man musste probieren, ja nicht reinzuschwatzen.› Yannick will gerade etwas anfügen, die Lehrperson meint: ‹Soll ich sagen, wer vorhin verloren hat?› Hamsa und Yannick fragen nach, wer es war. Frau Langenegger fragt zurück: ‹Was vermutet ihr?› Yannick meint: ‹D'Giele.› Frau Langenegger antwortet: ‹Denkst du?› Flüsternd erzählt sie dann: ‹Ja, es waren leider die Jungs, die verloren haben.› In einer regulären Lautstärke fügt sie an: ‹Die Mädchen konnten sich mega gut zusammennehmen und haben gar nicht reingeplappert. Aber...›» (Beobachtungsprotokoll 1C 9. März 2022, Pos. 438–449)

Frau Langenegger setzt mit ihrer Inszenierung des ‹kleinen Wettkampfes› die für den Unterricht ausschlaggebende Verhaltensprämisse der Sprechkontrolle mit der Differenzkategorie Geschlecht in Verbindung. Durch die Bekanntgabe des Ausgangs des Wettkampfes in der vorangehenden Schüler*innengruppe (re-)produziert sie Wissen um geschlechtsspezifisches Verhalten und festigt die geschlechtsspezifische Setzung: Jungen sind Störenfriede, Mädchen sind brav. Der von der Lehrerin initiierte genderbezogene Modus (*doing gender*) bei der Regelpraxis wird von den Schüler*innen gleich gespiegelt.

Obwohl im Primarschulalltag die Verhaltensansprüche der Lehrerin andauernd zutage treten und man deshalb als Beobachtende den Eindruck erhält, dass im Unterricht Fehlverhalten der Kinder absolut nicht geduldet wird, werden von Frau Langenegger ab und an ihre Beurteilungen des Verhaltens der Lernenden humorvoll formuliert.

> «Emma-Lou sitzt ohne Finken auf ihrem Hocker. Die Lehrerin bemerkt zu ihr: ‹Du, ids nimi de langsam öppe e Liimstift führe u due de dir öppe mau dini Finke chli ad Füess liime du.› Emma-Lou schmunzelt und die Lehrerin sagt weiter: ‹Oder besser mit Chläbi?›» (Beobachtungsprotokoll 1D 30. März 2022, Pos. 135–138)

Bei der Sichtung des Datenmaterials springt einem ins Auge, dass die Schüler*innen in Merikon auffallend häufig Arbeitsmaterialien suchen. Die angebrachte Schulmaterialhandhabung wird anhand der Bewertungen des Verhaltens der von der Norm abweichenden Kindern stets wieder exemplifiziert.

> «Ein wenig später leeren Yannick und Jonathan Wasser in ihre Malkästen. Frau Zaugg setzt sich neben sie und bemerkt, dass sie nun wisse, wer heute die Malkästen putzen werde.» (Beobachtungsprotokoll 1B 16. Februar 2022, Pos. 1440–1442)

> «Dario wird wütend und wirft einen Ordner auf den Fußboden. Frau Zaugg ruft: ‹Was soll das Dario? Jetzt nimmst du den Ordner und legst den richtig hin! Alle Ordner fallen runter, geht es dir noch gut? Ich bin enttäuscht.›» (Beobachtungsprotokoll 1B 16. Februar 2022, Pos. 1737–1740)

Das Benehmen von Dario im oben genannten Beispiel wird von der Lehrerin nicht nur auf der sachlichen Ebene (Umgang mit Schulmaterial), sondern überdies auf der Beziehungsebene sanktioniert. Dario hat die Lehrerin ‹enttäuscht›.

In Unterrichtsmomenten im Schulkontext 1 konnte beobachtet werden, dass auf eine Rüge der Lehrperson eine Erklärung der Ursache des Tadels folgte. Die Lehrkräfte bemühten sich, den Schüler*innen den Grund ihrer disziplinarischen Maßnahmen zu erläutern, wobei deren Sinn wahrscheinlich nicht alle Schüller*innen nachvollziehen können.

> «‹Beim Markus ist jetzt das Fass wirklich einfach voll gewesen, weil er schon in den letzten Tagen immer und immer wieder wirklich einfach Sachen gemacht hat, die nicht gehen in der Schule. Und jetzt ist das Fass übergelaufen, darum darf er jetzt nicht dabei sein.›» (Beobachtungsprotokoll 1B 16. Februar 2022, Pos. 1013–1016)

> Ich entferne mich von den Schülerinnen und höre Mirjam zu, die Max gerade erklärt, warum er ins Klassenzimmer reinkommen musste. Sie teilt ihm mit: «‹Du hesch ds Ding abegschosse. Du bisch umegrennt und när hesch nume no Lärme gmacht. Gäu.›» (Beobachtungsprotokoll 1A 9. Februar 2022, Pos. 1564–1567)

Im vorliegenden Unterkapitel wurde die Regelpraxis der pädagogischen Fachkräfte beleuchtet, die sich in beiden Schulkontexten auf die normativen Verbindlichkeiten des schulkonformen Schüler*innenverhaltens stützt. Die Aneignung der Pflichten des angepassten Schüler*innenseins resp. das *embodiment of pupil* geschieht über die explizite Einübung schulischer Verhaltensweisen und sprachlicher Ausdrucksformen, die von den Lehrpersonen angeleitet werden. Parallel dazu wird deren angemessene Repräsentation von den Lehrer*innen tagtäglich kommentiert und bewertet (*doing pupil*). Bezüglich des Verhaltens muss man, um der Norm des angepassten Schülers/der angepassten Schülerin zu entsprechen, insbesondere über eine rigide Bedürfnis- und Impulskontrolle verfügen. Unzulängliches Verhalten wird sanktioniert, in Merikon teilweise mit Bezugnahme auf das Geschlecht der Kinder. Durch das *doing gender* wird nicht nur geschlechtsspezifisches Verhalten adressiert, sondern gleichzeitig Geschlechterwissen aufgebaut. Nur in vereinzelten Situationen werden die Regelverstöße der Schüler*innen von den Lehrpersonen ignoriert und keiner Bewertung unterzogen, diese Momente kann man als *undoing teacher* lesen. Es ist eindeutig, dass die von den Lehrer*innen etablierte Regelpraxis eng mit ihrer Machtposition im schulischen Gefüge zusammenhängt. Die Lehrpersonen verfügen über die Definitions- und Kontrollmacht von Regeln und dürfen sich als einzige Akteur*innen über diese hinwegsetzen. Es lässt sich demnach eine Unterscheidungspraktik hinsichtlich der generationalen Ordnung ausmachen (*doing teacher*), auf welche im Abschnitt 4.3 ausführlicher eingegangen wird.

Gleicherweise wie das Verhalten der Kinder der persistenten Bewertungen der Lehrkräfte ausgesetzt ist, sind es die erbrachten schulischen Leistungen, auf welche im angehenden Abschnitt näher eingegangen wird.

Rückmeldung zu den Leistungen der Schüler*innen

Die mündlichen und schriftlichen Unterrichtsbeiträge der Schüler*innen werden von den Lehrerinnen in Schulkontext 1 und 2 konstant kommentiert und bewertet, je nachdem mit Fokus auf die individuelle, sachliche oder soziale Bezugsnorm. Einzige Ausnahme bildet im Schulkontext 1 das Fach ‹Bildnerisches Gestalten›, wo Frau Zaugg sehr darauf bedacht ist, den Lernenden in einem bewertungsfreien Raum die Freiheit zur Entfaltung von kreativen Arbeitsweisen zu gewähren.

> «Einen Augenblick später fragt Emilija die Lehrerin: ‹Isch das guet so?› Frau Zaugg antwortet: ‹Du darfst das so gestalten, wie du gerade in deinem Kopf dir ausgedenkt hast, ausdachtest.›» (Beobachtungsprotokoll 1A 9. Februar 2022, Pos. 712–714)

Die in der oben angeführten Unterrichtssituation erkenntliche Unterstützungsleistung der Lehrerin wird ebenso in anderen Unterrichtskontexten erbracht. Jede Lehrperson der untersuchten Schulklassen bietet den einzelnen Schüler*innen täglich Unterstützung an und lobt sie, wenn die korrekte Antwort herausgefunden wird. Die Hilfeleistungen oder die individuelle Förderung der Lehrkräfte gehen nicht selten mit der verbalen oder non-verbalen Markierung des Unterstützungsbedarfs eines Kindes resp. mit der Kennzeichnung von Leistungsdisparitäten einher.

> «Die Lehrerin nimmt in der Folge einen Stuhl und setzt sie sich neben Max. In den nächsten Minuten unterstützt sie ihn bei der Bearbeitung des Buchstabenhefts.» (Beobachtungsprotokoll 1A 9. Februar 2022, Pos. 325–327)

«Sofi fügt an, dass sie auch gerne ein Worträtsel der Lehrperson lösen möchte. (…) Frau Langenegger sagt: ‹Ja, wisst ihr was? Ihr müsst mir zuerst beweisen, dass ihr diese Wörter schreiben könnt.› Sofi merkt an: ‹I chas ja!› Frau Langenegger fährt fort: ‹Jedes von euch legt noch ein Wort, dass ich das checken kann.›» (Beobachtungsprotokoll 1D 30. März 2022, Pos. 429–436)

«Die Lehrerin will gerade mit David etwas besprechen, da zeigt ihr Mike sein Buchstabenheft. Die Lehrperson reagiert mit ‹Schau, schau, schau› Sie fordert den Jungen auf, sich kurz neben ihren Lehrerinnenpult zu setzen. Sie radiert seine bisher geschriebenen Buchstaben aus und zeigt ihm nochmals den korrekten Schreibablaufs des Q's. (Beobachtungsprotokoll 2B 4. Mai 2022, Pos. 932–936)

Solche Leistungsbeurteilungen auf Basis einer individuellen Bezugsnormorientierung gehören zum festen Bestandteil der Unterrichtspraktiken der erforschten Lehrpersonen. Die Validität von Aussagen von Schüler*innen wird in Unterrichtsgesprächen (nicht-)sprachlich bestätigt oder dementiert und dementsprechend korrigiert.

«Ohne ihm einen spezifischen Auftrag zu erteilen, steht der Junge auf und stellt die aktuelle Uhrzeit ein. Er meint: ‹9i› Frau Zaugg korrigiert ihn: ‹Noch nicht ganz.›» (Beobachtungsprotokoll 1C 9. März 2022, Pos. 105–107)

«Kann jemand von euch schon sagen, was Silben sind?› Hamsa meldet sich per Handzeichen und teilt mit: ‹Silben sind so. Man kann die Wörter schwingen oder klatschen.› Frau Langenegger: ‹Mhm, dann hat man die Silben, genau.›» (Beobachtungsprotokoll 1C 9. März 2022, Pos. 377–380)

«Etliche Minuten später ist Cagla an der Reihe. Sie teilt mit: ‹Ich habe die Biene. Wer hat die Frosch?› Frau Wirz berichtigt: ‹Den Frosch. Sorgfältig lesen, hmm.›» (Beobachtungsprotokoll 2A 27.April 2022, Pos. 964–966)

Der Kommentar zur Leseleistung ist im geschilderten Zusammenhang ausdrücklich hervorzuheben. Die inhaltlich richtige Antwort von Cagla wird relativiert, da sie nicht den sprachlichen Anforderungen der Klassenlehrerin entspricht. Die Richtigstellung der Antwort erfolgt hinsichtlich der individuellen Lesekompetenzen der Schülerin, obschon auf der Karte der Frosch nur bildlich abgebildet ist. Die Beherrschung der deutschen Standardsprache wird in Losslingen vorausgesetzt, nichtsdestotrotz ist die Lehrerin bemüht, die Herkunftssprache der Kinder in ihren Unterricht einzubeziehen, wie das nachstehende Beispiel illustriert.

«Frau Wirz informiert den Jungen: ‹Haben wir schon besprochen. Ja, du kannst sagen, wir, Leon, du kannst sagen, wir können Süssigkeiten mitnehmen. Hä, oder Schleckzeug. Wie sagt man Französisch? Wie heisst das?› Leon scheint das Wort für Süßigkeiten auf Französisch gerade entfallen zu sein (Barbara erzählt mir später, dass er zu

> Hause Französisch spreche). Frau Wirz fragt weiter: ‹Weisst du's? Sian?› Sian gibt bekannt, dass man auf Französisch den Süßigkeiten *les bonbons* sagt, was Leon sofort wiederholt.» (Beobachtungsprotokoll 2A 27.April 2022, Pos. 336–343)

Mit ihrer sprachbezogenen Unterscheidungspraktik beabsichtigt Frau Wirz zwar die Anerkennung des Schülers als Experte für die französische Sprache, bringt ihn gleichzeitig aber auch als *ethnisch Anderen* hervor. Da Leon das französische Wort für Süßigkeiten nicht kennt (oder es ihm gerade entfallen ist), wird er zusätzlich als Nicht-Wissenden exponiert. Das *doing ethnicity* der Lehrkraft zieht entsprechend gegenteilige Folgen nach sich. Wie es Ansätze interkultureller Pädagogik beschreiben, handelt es sich hier um eine unaufhebbare Ambivalenz, da «in der Anerkennung des Anderen […] zugleich die Andersartigkeit produziert [wird].» (Akbaba, 2014, S. 276).

In anderen Situationen des Schulalltags der beiden Schulkontexte werden einzelne Schüler*innen nicht hinsichtlich ihrer Ethnizität besonders hervorgehoben, sondern in Bezug auf ihre Leistung. Durch das Aufrufen von Lernenden, die sich im Zuge einer Besprechung im Plenum gar nicht gemeldet haben, wird deren Unwissenheit indirekt als unzureichende Schüler*innenleistung abgetan.

> «Frau Langenegger hält hiernach Emma-Lou die nächste Silbenkarte hin, die nebst Enisa und Lisa noch als einzige am Stehen ist. Emma-Lou liest *te* vor. Da dies nicht mit der Silbenkarte übereinstimmt, runzelt die Lehrerin ihre Stirn und wartet einen Augenblick.» (Beobachtungsprotokoll 1C 9. März 2022, Pos. 477–480)

> «Frau Wirz fragt nun Mike: ‹Mike, überleg. Wie heisst das?› Auch Mike scheint die Antwort nicht zu kennen (Warum spricht die Lehrerin gerade diese Schüler direkt an?).» (Beobachtungsprotokoll 2B 4. Mai 2022, Pos. 168–170).

Die schulischen Fähigkeiten von Emma-Lou und Mike, die im obigen Beispiel ‹an den Pranger gestellt› wurden, werden in späteren Unterrichtssituationen von den Lehrerinnen weiter infrage gestellt. Dadurch werden ihre Erwartungshaltungen in Bezug auf Leistung erkennbar, welche die beiden Kinder abermals nicht erfüllen und somit als leistungsschwach klassifiziert werden.

> «Die Lehrerin spricht nochmals Emma-Lou direkt an: ‹Emma-Lou vilech chasch du i dere Zyt wo dr Dario am ufnäh isch, nomau schnäu guet fr di üebe. Isch guet?› Emma-Lou nickt und Frau Langenegger kommentiert ‹Guet› (Warum gibt die Lehrerin diesen Vorschlag nur Emma-Lou und den anderen beiden Kindern nicht?).» (Beobachtungsprotokoll 1D 30. März 2022, Pos. 155–158)

> «Sie gibt den Kindern den Auftrag zwei gespitzte Blei- oder Farbstifte aus ihrem Etui zu holen und danach wieder in den Kreis zurückzukehren. Sie betont, dass es wichtig

> sei, dass die Stifte gut gespitzt seien. [...] Dann wendet sie sich direkt an Mike: ‹Mike. Siehst du, was ich erkläre? Was musst du holen am Platz?› Mike erwidert: ‹Ehm. Bleistift› Frau Wirz fragt weiter: ‹Oder?› Mike scheint die Antwort nicht zu wissen. Frau Wirz fragt die Klasse: ‹Wer kann helfen?›» (Beobachtungsprotokoll 2B 4. Mai 2022, Pos. 184–191)

Im Zuge von Arbeitsphasen wird die Bearbeitung von Aufträgen durch die Lehrkräfte beider Schulkontexte kontinuierlich begutachtet und auf Korrektheit überprüft. Sie erfassen und machen die vorhandenen Leistungsdifferenzen zwischen den Lernenden dadurch sichtbar, dass sie Einzelleistungen von Schüler*innen in einem positiven oder negativen Sinn speziell hervorheben oder pauschalisieren.

> «Albion erkundigt sich: ‹Eifach es Wort schribe?› Frau Langenegger antwortet: ‹Ich sag euch das Wort. Und wir machen's so, Luana kann schon sehr gut schreiben. Lisa kann schon sehr gut schreiben. Albion kann ja auch schon sehr gut schreiben. Wenn ihr das Wort (schnipst mit den Fingern) innerhalb von drei Sekunden geschrieben habt, dürft ihr noch mehr Wörter schreiben.›» (Beobachtungsprotokoll 1C 9. März 2022, Pos. 568–573)

> «Frau Wirz geht in der Folge bei Melery vorbei und kommentiert ihre Arbeit: ‹Zeig es mir. Jetzt hast du wieder einfach über..., aber was machst du jetzt? Du kannst nicht einfach irgendwelche Buchstaben hinschreiben. H stimmt doch nicht. O und Q. Die gehören zusammen, du musst nicht O hinschreiben. Löschen bitte. Was findest du noch?›» (Beobachtungsprotokoll 2B 4. Mai 2022, Pos. 1005–1009)

Während sich die Leistungsbeurteilungen von Frau Wirz und Frau Langenegger vielmals auf die soziale Leistungsnorm beziehen, versucht Frau Zaugg das Vergleichen des Leistungsvermögens der Schüler*innen zu unterlassen.

> «Im Anschluss des Morgens teilt mir Frau Zaugg mit, dass sie dieses Gemüsesystem verwende, damit es weniger offensichtlich sei, welches Kind bei welcher Aufgabe sei, als wenn man dies mit Namen organisieren würde.» (Beobachtungsprotokoll 1C 9. März 2022, Pos. 1565–1567)

> «‹Und jetzt machen wir's mal so. Ihr dürft mal alle auf das Höckerli stehen.› Die Kinder stehen auf ihren Hocker. Die Lehrerin fährt fort: ‹Jetzt geht das so. Ich zeige euch dann die Silben...› [...] Frau Langenegger erklärt weiter: ‹Und wer die Silbe gesagt hat, der darf dann absitzen. So sehen wir gerade, wer schon etwas gesagt hat.›» (Beobachtungsprotokoll 1C 9. März 2022, Pos. 431–438)

> «‹Die sind für die Erstklässler, die Blauen. Ihr habt ja die blauen Ordner, gell. Und blaue Zettel und da sind Arbeitsblätter. Und die Zweitklässler sind die Gelben. Sind nicht, sind fast die gleichen Arbeitsblätter. Bei den Zweitklässlern hat's einfach ein bisschen mehr Text. Ihr könnt ja schon ganz gut lesen, hmm.›» (Beobachtungsprotokoll 2A 27. April 2022, Pos. 554–558)

Frau Wirz beruft sich in ihrer Bewertung der Leistungsfähigkeit auf das Alter der Kinder, indem sie generalisierende Unterschiede zwischen den Klassenstufen ihrer Mehrjahrgangsklasse zieht. In Merikon beeinflussen hingegen geschlechtsbezogene Zuschreibungen die Leistungserwartungen der Lehrerin.

> «Sofi will ihre Geschichte der ganzen Klasse erzählen und Valentina möchte ihre Geschichte lieber aufnehmen. Frau Langenegger fragt bei Valentina nach: ‹Bisch sicher? Du bist doch ein mutiges Mädchen.›» (Beobachtungsprotokoll 1D 30. März 2022, Pos. 304–307)

Bei der Beurteilung der Schüler*innenleistung handelt es sich um einen sozialen Prozess, im Zuge dessen die pädagogischen Fachkräfte unter Zuhilfenahme der individuellen, sachlichen oder sozialen Bezugsnorm die Lernenden gemäss ihrem Leistungsvermögen differenzieren und so Leistungsdisparitäten konstruieren (*doing pupil*). Lediglich im Schulkontext 1 kann das stellenweise Schaffen eines bewertungsfreien Raumes als Gegenbewegung, als *undoing teacher* angesehen werden. Jedoch zeigen sich am Beispiel des Gemüsesystems zur Bearbeitung der Mathematikaufträge, dass sich trotz dieser Bemühungen zur Dekonstruktion von Leistungsdisparitäten seitens der Lehrperson, Praktiken der Differenzierung und Hierarchisierung nachzeichnen lassen. Die Visualisierung des Fortschritts der Aufgabenbearbeitung jedes Lernenden durch das Gemüsesystem dient als Plattform, auf der sich die Schüler*innen messen können: Wer viele Aufgaben erledigt hat, wird als «guter/e Schüler*in» erachtet.

Im Schulkontext 2 sind die Kinder der Leistungsbegutachtung der Lehrerin durchgehend ausgesetzt. Sie lehnt sich dabei an den Maßstab eines monolingualen deutschen Sprachgebrauchs, jede Abweichung davon wird als Leistungsdefizit markiert (*doing legitimate language*). Intellektuelle Fähigkeiten und schulische Leistungen werden demzufolge in Losslingen in einen Zusammenhang mit der Beherrschung der deutschen Sprache gebracht (*doing ethnicity*). Überdies ermöglicht die Besonderheit der altersdurchmischten Lerngruppen in Schulkontext 2 die Zuschreibung von jahrgangsspezifischer Kompetenz. Über diese Differenzierung wird den älteren Schüler*innen eine Expert*innenrolle zugeschrieben und so *doing age* vollzogen. In Merikon hingegen werden das Alter oder die Ethnizität der Lernenden nicht für die Leistungsbeurteilungen herangezogen. Hier beeinflussen geschlechtsbezogene Zuschreibungen (*doing gender*) die Leistungserwartungen der Lehrpersonen. Leistungszuschreibungen können demnach in pädagogischen Praktiken auf verschiedene Weise mit weiteren sozialen Kategorisierungen einhergehen.

Unterstützung der sozialen Interaktion

Das Klassenklima, d. h. die « […] wahrgenommene spezifische Konfiguration wesentlicher Elemente des erzieherischen Verhältnisses zwischen Lehrern und Schülern, des Verhältnisses der Schüler untereinander sowie erzieherisch bedeutsamer kollektiver Einstellungen und Verhaltensbereitschaften von Lehrern und Schülern innerhalb der jeweiligen Lernumwelt» (Eder, 1996, S. 26), erlebe ich in den zwei untersuchten Schulklassen durchaus divergent. Derweil beispielsweise Auseinandersetzungen zwischen Schüler*innen in Merikon an der Tagesordnung sind, entstehen Konflikte in Losslingen verhältnismäßig selten. Trotz dieser Diskrepanz können bei den beobachteten Lehrpersonen in deren Einflussnahme auf das Klassenklima Gemeinsamkeiten aufgedeckt werden. Sie sind allesamt darauf bedacht, das soziale Miteinander der Kinder zu stärken, um ein positives Klima in der Klasse zu etablieren. Dazu integrieren sie auf der einen Seite Lernformen in ihren Unterricht, die das kooperative Lernen und die Zusammenarbeit kontinuierlich aufbauen und fördern. Beachtenswert ist hier, dass im Unterschied zum Schulkontext 1 im Schulkontext 2 die Lehrkraft die Zusammenarbeit an klare Verhaltensbedingungen bindet.

> «Emilija fragt die Lehrerin leise, ob sie ihr nicht einen Namen sagen könne. Frau Zaugg antwortet: ‹Ich kenne viele Namen, aber du hast diese schöne Frau gemacht. Darum musst du sie taufen. Frag mal Kinder, ob sie Namenideen haben. Vielleicht gefällt dir ja eine.›» (Beobachtungsprotokoll 1A 9. Februar 2022, Pos. 910–913)

> «‹Und darum machen wir das beim Spiel jetzt so. Wenn das jemand wirklich gar nicht gern hat, dann kann er sagen Hilfe und dann hilft man dem Kind und schlägt ihm eine Lösung vor. Und dann kann man dann, wenn man dran ist und Hilfe gesagt hat, gad die Antwort nehmen, die einem jemand gesagt hat.›» (Beobachtungsprotokoll 1C 9. März 2022, Pos. 505–509)

> «Eine Weile später höre ich, wie Ivo zu seiner Sitznachbarin Amelia sagt: ‹Eifach mir abschriebe.› Frau Wirz nimmt dies auch wahr und interveniert. Sie sagt: ‹Nei, abschriebe nid. Zämeschaffe, ja. Aber nid lauere!›» (Beobachtungsprotokoll 2C 11. Mai 2022, Pos. 321–323)

Auf der anderen Seite sind die Lehrkräfte bei der Suche nach konstruktiven Konfliktlösungen behilflich. Sie greifen in Streitsituationen ein und versuchen zwischen den Parteien zu vermitteln. In der hier beschriebenen Unterrichtsaktivität versucht Frau Wirz die Streitschlichtung nicht durch Schuldzuweisungen, sondern durch die Erinnerung an die Verhaltensanforderungen vorzunehmen.

«Irena hält fest, dass der Biber schon auf dem Boden war, als sie in den Kreis gekommen sei. Amar bestreitet dies und meint, dass der Biber vorher unter der Tafel gewesen sei. Die Lehrperson versucht die Wogen zu glätten, indem sie sagt: ‹Dann ist er vielleicht hinuntergefallen. Ihr dürft einfach nicht damit spielen.›» (Beobachtungsprotokoll 2C 11. Mai 2022, Pos. 900–904)

«Valentina wendet sich empört an Lisa. Sie fragt sie: ‹Lisa, Lisa wenn i jetzt dir chli hie mit dr Farb würd mache, würdsch du das a dini ganzi Familie säge?› Da Lisa keine Antwort gibt, hackt Valentina nach: ‹Ja oder Nei?› Frau Zaugg mischt sich ins Gespräch ein und merkt an: ‹Ja, vilech muess mes, dass ds Mami chli bessers Putzmittu noch cha id Wöschmaschine due.› Valentina erwidert, dass Emma-Lou es aber ihrer ganzen Familie berichten will. Frau Zaugg will etwas darauf sagen, wird aber von Lisa unterbrochen.» (Beobachtungsprotokoll 1B 16. Februar 2022, Pos. 1468–1475)

Im Schulkontext 1 versucht Frau Zaugg die Wogen zwischen den Streitenden zu glätten, indem sie sich auf die Seite des leidtragenden Mädchens stellt und ihre Reaktion mit dem Verweis auf die Haushaltsverantwortung, die nach ihr ausschließlich die Mutter trägt, plausibel erscheinen lässt.

Ferner unterstützen die Lehrerinnen die soziale Integration der Kinder im Klassenverband und sind bestrebt, der Klasse zu signalisieren, dass jedes Individuum ein wichtiges Mitglied der Gemeinschaft ist.

«Ich entdecke Emma-Lou, die schon seit einigen Minuten im Schulzimmer umhergeht. Frau Langenegger nimmt sich ihr an und meint: ‹Weisch, wär wahrschinlech gad ganz fescht uf dr Suechi wär nach öperem, wo mit ihm spiut? I dänke dr Max. Dr Max dä hätt sicher gad mega Fröiid, wenn är e zwöite Piratekolleg ufem Schiff hätt.›» (Beobachtungsprotokoll 1A 9. Februar 2022, Pos. 559–563)

«Ich beobachte Kilian, der schon seit einigen Minuten allein an seinem Pult sitzt. Er hat ein Würfelspiel mit zwei Räubern vor sich und fragt nun Irena, ob sie mit ihm spielen wolle. Irena ist aber bereits beim Alarm-Spiel und schüttelt deshalb den Kopf. Kilian wartet darauf wieder an seinem Platz. Nun interveniert Frau Wirz und fragt Natascha, ob sie mit Kilian das Goldschatz-Würfelspiel spielen wolle.» (Beobachtungsprotokoll 2C 11. Mai 2022, Pos. 64–69)

In den vorangehenden Abschnitten zu der Bewertung des Verhaltens und der Leistung der Lernenden wurde erkennbar, dass die Inszenierung des Schüler*innenseins (*doing pupil*) je nach Kontext sozialer Interaktion unterschiedliche Facetten annehmen und sich partiell mit weiteren sozialen Differenzierungen überlagern kann. In derartigen Unterrichtsszenarien wurden Ungleichheiten aktualisiert, hervorgerufen oder verstärkt, was dazu führte, dass die Schüler*innen in einer hierarchischen, ungleichen Weise positioniert wurden. Mit der Unterstützung und Förderung des sozialen Miteinanders der Kinder konnten Momente beobachtet werden, in denen die Lehrer*innen versuchten diese ungleichen Positionierungen zu neutralisieren resp. die Kontingenz von Unterscheidungen zu betonen.

4.2.2 Kommunikation der Lehrpersonen

Die Kommunikationsarten der Lehrpersonen im Unterrichtsgeschehen gestalten sich vielseitig, weisen gleichzeitig aber auch Gemeinsamkeiten auf. Die übergreifende Betrachtung offenbart das starke Hierarchiegefälle in der Kommunikation zwischen Lehrenden und Schüler*innen. Der Redeanteil der Lehrpersonen beispielsweise überwiegt den der Kinder bei weitem. Die Lehrerinnen erklären, informieren, stellen Wissens-, Reproduktions- und Benennungsfragen und tun vor allem eins: den Lernenden Anweisungen erteilen. Die Erläuterungen zu den Aufträgen werden oftmals begründet oder wiederholt, zum Teil mittels direkter Adressierung einzelner Kinder oder mit der Verwendung von unterstützenden nonverbalen Kommunikationsmitteln.

> «Frau Zaugg fragt ihn: ‹Luan, was machst du?» Luan erwidert: ‹I finge kes Blofi.› Frau Zaugg: ‹Aber setzt dich oder steh dich hin vors Pult, bitte.›» (Beobachtungsprotokoll 1A 9. Februar 2022, Pos. 199–201)

> «Frau Langenegger erklärt: ‹Weil ich muss da noch schnell ein paar von den Silben auslegen. Ihr dürft die schon ein bisschen lesen, weil dann habt ihr vielleicht ein bißchen einen Vorsprung.›» (Beobachtungsprotokoll 1C 9. März 2022, Pos. 511–513)

> «Während die Lehrperson auf den Jungen wartet, bemerkt sie, dass Mike nur einen Stift in der Hand hält. Sie sagt zu Mike: ‹Hast du zwei? Zwei brauchst du. Zwei (streckt dabei zwei Finger in die Luft). Nimm dort (zeigt auf das Regal hinter dem Kreis) noch einen Farbstift raus.›» (Beobachtungsprotokoll 2B 4. Mai 2022, Pos. 217–220)

In Losslingen wiederholt Frau Wirz ihre Aufträge häufig, so auch im obenstehenden Beispiel, in Form einer Frage. Allgemein fällt im Sprechverhalten der Lehrpersonen auf, dass sie ihre Anweisungen in der Regel als Befugnis oder Bitte formulieren. Auf Arbeitsanweisungen erfolgt, größtenteils im Schulkontext 2, das Stellen einer rhetorischen Frage.

> «Hamsa wiederholt die Bearbeitung der von Frau Zaugg erläuterten Aufgabe, die Lehrerin bestätigt ihre Ausführungen. Danach fragt sie die Klasse: ‹Isch das gut?› Es erfolgt keine Reaktion der Kinder.» (Beobachtungsprotokoll 1D 30. März 2022, Pos. 1108–1111)

«‹Sian, du dürftest eigentlich schon an deine Arbeit gehen mit dem Ausschneiden. Denn du kannst hier gerade nichts mehr machen. Hä? Ist gut? Du darfst schon grad starten.› Sian geht daraufhin an sein Pult und beginnt mit dem Ausschneiden der Bildkarten.» (Beobachtungsprotokoll 2C 11. Mai 2022, Pos. 933–937)

In Losslingen werden die Beiträge der Lernenden auch öfters wiederholt und kommentiert sowie Nachfragen zu dem Gesagten gestellt.

«Frau Zaugg sagt nun zu Emma-Lou: ‹Übrigens alles gefallen. Was hat dir am aller, aller besten gefallen?›» (Beobachtungsprotokoll 1B 16. Februar 2022, Pos. 1782–1783)

«Im Anschluss melden sich Jara und Kevin und äußern ihre Vermutungen. Jara nimmt an, dass es sich um einen Otter handle. Die Lehrperson wiederholt jeweils die Äußerungen der Lernenden.» (Beobachtungsprotokoll 2C 11. Mai 2022, Pos. 502–504)

Im Schulkontext 2 spricht die Lehrkraft mit wenigen Ausnahmen konsequent in der Standardsprache. In Merikon ist die Logik des Sprachgebrauchs von Dialekt und Standardsprache an pädagogische Situationen gebunden. So wird beispielsweise in Momenten, die einen emotionalen Charakter aufweisen, mit den Kindern Dialekt gesprochen.

«Die Lehrerin wendet sich an Dario und hält ihn an der Schulter fest: ‹Geht's noch? Dario holt eine Unterlage und geht an seinen Platz und schaut für sich. Und die Hamsa und die Emilija auch.› Zu Dario meint sie dann noch: ‹Hör jetzt, wenn es nicht geht. Darfsch süsch zu mir füre cho schaffe.›» (Beobachtungsprotokoll 1B 16. Februar 2022, Pos. 1380–1383)

Im Sprechverhalten von Frau Zaugg, Frau Langenegger und Frau Wirz fällt auf, dass sie innerhalb einer Unterrichtsstunde mehrmals zwischen der individuellen und kollektiven Ansprache der Schüler*innen hin und her wechseln. Zudem variieren sie ihre Lehrer*innenstimmen mit Klangelementen wie Lautstärke und dem Einsatz von Pausen (primär bei einem erhöhten Lärmpegel in der Klasse).

«Dario gibt einen unverständlichen Kommentar, die Lehrkraft unterbricht ihre Ausführungen und räuspert sich. Als es wieder leise ist, fährt sie fort.» (Beobachtungsprotokoll 1C 9. März 2022, Pos. 907–908)

«Als Albion daraufhin der Lehrperson seine geschriebenen Wörter zeigt, meldet sie ihm zurück: ‹Bravo, oh das klappt ja schon super.› Hiernach gibt die Lehrerin der gesamten Gruppe bekannt: ‹Ich sag euch das zweite Wort, wir machen ja insgesamt drei.›» (Beobachtungsprotokoll 1C 9. März 2022, Pos. 616–620)

> «Diese begutachtet ihre Arbeit und kommentiert, dass sie noch fünf Wörter aufschreiben solle. Sie wendet sich sodann an die ganze Klasse und sagt laut: ‹Fünf Wörter schreiben, denke ich liegt schon drin. Hä.›» (Beobachtungsprotokoll 2B 4. Mai 2022, Pos. 980–983)

Frau Zaugg verwendet in ihren Ausführungen stets eine geschlechtergerechte Sprache, die anderen beobachteten Lehrpersonen äussern sich vermehrt in keiner gendergerechten Sprache.

> «Frau Zaugg: ‹Also alle Kinder, die die dort einen Pirat oder eine Piratin gebastelt haben.›» (Beobachtungsprotokoll 1B 16. Februar 2022, Pos. 174–175)

> «Mir fällt auf, dass die Lehrkraft in ihren Anweisungen oft keine gendergerechte Sprache, sondern nur die männliche Form benutzt.» (Beobachtungsprotokoll 1B 16. Februar 2022, Pos. 1121–1123)

> «‹Wenn ihr die ersten zwei Blätter gemacht habt, dürft ihr das. Erstklässler legen es in ein blaues Mäppli.›» (Beobachtungsprotokoll 2A 27. April 2022, Pos. 576–578)

Überdies konnten in den Sprechweisen aller Lehrerinnen bestimmte Redewendungen und rhetorische Mittel ermittelt werden, mit denen sie sich als Teil der Klassengemeinschaft darstellen.

> «Frau Wirz: ‹Gell, diese, die Schafe füttern wir nicht.›» (Beobachtungsprotokoll 2C 11. Mai 2022, Pos. 449–450)

> «Frau Langenegger bemerkt lachend: ‹Du das ist ein schönes Geschenk, so ein tickendes Bombengeschenk, das dann explodiert.›» (Beobachtungsprotokoll 1C 9. März 2022, Pos. 542–543)

> «Frau Zaugg kommentiert das Geschehen: ‹Und wir beruhigen uns.›» (Beobachtungsprotokoll 1B 16. Februar 2022, Pos. 1759–1760)

Abschliessend kann hinsichtlich der Kommunikation der Erwachsenen untereinander dokumentiert werden, dass diese hauptsächlich zwei Themenbereiche umfasst: die Koordination der Zusammenarbeit und der Austausch über Schüler*innen. Gespräche über das Verhalten oder die Leistungen einzelner Kindern finden im Schulkontext 1 größtenteils im Lehrer*innenzimmer statt, im Schulkontext 2 werden Kommentare über Lernende öffentlich in deren Anwesenheit im Klassenzimmer abgegeben.

> «Nachfolgend erkundigt sich Frau Langenegger bei Frau Zaugg, ob sie bereits eine Gruppeneinteilung für die nächste Lektion vorgenommen habe.» (Beobachtungsprotokoll 1A 9. Februar 2022, Pos. 622–624).

«Barbara bemerkt beim Vorbeigehen mir gegenüber: ‹Das ist Caglas Talent. Sie kann unglaublich gut malen. Obwohl sie manchmal so ein verrücktes Huhn ist, das wird mal was.›» (Beobachtungsprotokoll 2C 11. Mai 2022, Pos. 701–703)

In den sprachlichen Ausdrucksformen der pädagogischen Fachkräfte tritt das institutionell bedingte Machtgefälle wiederholt in Erscheinung, allein der unausgeglichene Anteil an Sprechzeit widerspiegelt dies. Über das Kommentieren oder Unterbrechen der Redebeiträge der Lernenden bringen die Lehrkräfte ihre Machtposition mittels *doing teacher* überdies performativ zum Ausdruck. Es sollte auch nicht unerwähnt bleiben, dass die Mehrheit der Lehrer*innen in ihren nicht genderneutralen Formulierungen vorrangig Jungen ansprechen und Mädchen außen vorlassen (*doing gender*).

4.2.3 Verhalten der Schüler*innen

Wie die Lehrkräfte der beiden Schulkontexte ihren Unterricht gestalten, wurde in den vorangegangenen Abschnitten beschrieben. Der Schwerpunkt dieses Abschnitts liegt nun auf der Art und Weise, wie die Schüler*innen auf verschiedene Rahmenbedingungen, methodische Arrangements und Merkmale der Klassenführung reagieren. Zu diesem Zweck wurde das Verhalten der Lernenden in fünf Kategorien eingeordnet: Reaktion auf schulische Anforderungen, Reaktion auf Anweisungen der Lehrer*innen, Bewertung des Verhaltens von Peers, Bewertungen der Leistungen der Peers und die soziale Interaktion unter den Kindern. Die einzelnen Kategorien des Schüler*innenhandelns werden im Folgenden eingehend erläutert.

Reaktion der Schüler*innen auf die schulischen Anforderungen
Die Mehrheit der Schüler*innen der beobachteten Schulklassen erkennen die von den Lehrkräften aufgestellten schulischen Anforderungen an und führen im Unterricht schulaffirmatives Verhalten vor. Sie halten sich an Gesprächsregeln, nehmen aktiv am Unterricht teil und zeigen ein diszipliniertes, affekt-kontrolliertes und zielgerichtetes Tun. Wie genau die Kinder wissen, was von ihnen erwartet wird, zeigen die nachstehenden Szenen.

«‹Also, hey ihr dürft die Höckerli gerade hierlassen für die nächste Gruppe und dann schleicht ihr mir leise wie … was ist leise? Wer ist leise?› Albion meldet sich und sagt ‹Ig.›» (Beobachtungsprotokoll 1D 30. März 2022, Pos. 206–208).

Natascha sagt unaufgefordert ‹ein›, erinnert sich dann an die Gesprächsregeln, unterbricht ihre Aussage und meldet sich.» (Beobachtungsprotokoll 2C 11. Mai 2022, Pos. 169–170).

Die Lernenden scheinen die im Unterricht erwünschten Verhaltensweisen verinnerlicht zu haben und orientieren sich an der Norm des angepassten Schülers/der angepassten Schülerin. Um die ersehnte Norm zu erfüllen, suchen die Kinder fortlaufend die Aufmerksamkeit der Lehrpersonen, um sich nach den aufgabenspezifischen Anforderungen zu erkundigen oder eine Bestätigung für das eigene Verhalten zu erhalten.

«Auch jetzt wünschen viele Lernende eine Bestätigung der Lehrperson, dass sie ihr Papier richtig falten. Hamsa beispielsweise erkundigt sich: ‹Frau Zaugg, ist es so richtig? Wie ein Telefon?›». (Beobachtungsprotokoll 1C 9. März 2022, Pos. 1005–1007)

«Viele Lernende nennen in der Folge ein oder mehrere Silben, die in der Kreismitte ausgelegt sind. Jemand sagt: ‹Ja, 99!› Albion fragt: ‹Muess me eifach när schnäu hie?› Die Lehrperson erklärt: ‹Irgendeine Silbe sagen, die du lesen kannst und dann kannst du die Bombe…› Albion fragt dazwischen: ‹Also, ds Wort säge oder eifach?› Frau Langenegger: ‹Nö. Nur die Silbe sagen, das reicht.›» (Beobachtungsprotokoll 1C 9. März 2022, Pos. 521–525)

«Die Schülerin nähert sich dem Triangel, als es so weit ist, scheint aber immer noch ein bisschen unsicher und fragt zur Sicherheit nochmals bei Frau Wirz nach.» (Beobachtungsprotokoll 2B 4. Mai 2022, Pos. 54–56).

Die Lernenden stellen ihre Konformität mit den schulischen Regeln fortan unter Beweis, in Merikon manchmal sogar durch eine Behauptung einer falschen Tatsache, um vor den Lehrkräften gut dazustehen.

«Albion schreibt seine Gemüse an und Markus fragt ihn, was er mache. Albion antwortet: ‹D Lehrerin hets so gseit!›» (Beobachtungsprotokoll 1C 9. März 2022, Pos. 1902–1904)

«Ich beobachte, wie die beiden Kinder zur Ablage mit den Posten gehen und die Kiste mit dem Posten 38 kurz wegnehmen und gleich daraufhin wieder hinstellen, ohne den Posten wirklich zu bearbeiten. Yannick teilt der Lehrperson mit: ‹Mir hei ds 38 gmacht. 38.› Er und Jonathan holen sich bei Frau Zaugg hiernach einen Kleber für den Posten 38 ab und die Lehrperson kreuzt den Posten 38 bei den beiden Schüler auf dem Übersichtsblatt ab.» (Beobachtungsprotokoll 1A 9. Februar 2022, Pos. 1405–1411).

«Jonas erklärt: ‹Ich bin Experte von den Schafen und sie dürfen nicht Karotten essen, weil sonst bekommen sie Durchfall.› Frau Wirz erwidert: ‹Eben.› Ivo sagt: ‹Ich esse nicht, ich hab sie nicht gefüttert.›» (Beobachtungsprotokoll 2C 11. Mai 2022, Pos. 464–467)

Die obenstehenden Unterrichtsbeispiele heben hervor, wie omnipräsent die schulischen Anforderungen in beiden Schulkontexten sind und welch hohe Relevanz die Kinder ihnen zuweisen. Zugleich wird augenfällig, dass das schulische Arbeiten und Lernen für etliche Schüler*innen hohe Anstrengung und Schwierigkeiten mit sich bringen.

> «‹Albion du bist die Aubergine.› Albion scheint nicht genau zu wissen, welches Gemüse damit gemeint ist.» (Beobachtungsprotokoll 1C 9. März 2022, Pos. 1549–1551)
>
> «Jonathan wirkt frustriert und sagt zu Frau Langenegger: ‹I chas nid läse›. Die Lehrerin fragt ihn: ‹Soll ich dir helfen?› Jonathan willigt ein und die Lehrperson schaut sich sein Wort an.» (Beobachtungsprotokoll 1B 16. Februar 2022, Pos. 737–739).
>
> «Kevin fängt an zu lesen mit dem Wort *Wer*, wird aber gleich von der Lehrerin unterbrochen. Sie verbessert: ‹Ich habe…› Der Junge beginnt nochmals mit Vorlesen, scheint aber noch unsicher.» (Beobachtungsprotokoll 2A 27. April 2022, Pos. 967–970).

Die aufgeführten Unterrichtssequenzen verdeutlichen, wie unterschiedlich die Schüler*innen auf die hohen schulischen Anforderungen reagieren. Während unter den Lernenden mehrheitlich ein hohes Unterrichtsengagement zu verzeichnen ist und sie sich bemühen, den Erwartungen gerecht zu werden, indem sie beispielsweise bei einem Misserfolg nicht gleich aufgeben oder bei Unklarheiten die Lehrperson um Unterstützung bitten, konnte ich insbesondere im Schulkontext 1 mehrere negative Reaktionen auf die hohen schulischen Anforderungen erfassen. So verweigern die Lernenden etwa die Arbeit, bekennen Unkenntnis oder führen Aufträge nicht pflichtbewusst aus.

> «Es herrscht eine ruhige Atmosphäre, nur ab und zu höre ich Zwischenrufe oder Geräusche. Mir fällt Emma-Lou auf, die an ihrem Pult sitzt und gar nichts tut.» (Beobachtungsprotokoll 1D 30. März 2022, Pos. 1174–1176).
>
> «Yannick wirft seinen Teig mehrmals auf den Pultdeckel und meint, dass es sehr schwierig sei, eine Zwiebel zu formen.» (Beobachtungsprotokoll 1C 9. März 2022, Pos. 1789–1791).
>
> «Frau Zaugg erwidert: ‹Genau. Was denkst du Emma-Lou?› Emma-Lou zuckt mit den Schultern und gibt keine Antwort.» (Beobachtungsprotokoll 1C 9. März 2022, Pos. 1394–1395).

In einem anderen Zusammenhang konnte beobachtet werden, dass sich die Lernenden nicht an die schulischen Vorgaben hielten, nämlich bei Abwesenheit der Lehrer*innen. Interessanterweise wurde der Ethnographin in Losslingen die Rolle der kontrollierenden Instanz übertragen, in Merikon nicht.

> «Derweil die Lehrkraft weg ist, spielen Max und Emilija auf einem kleinen roten Xylophon, das hinter dem Hockerkreis auf einer Ablage liegt. In dem Moment, in dem Frau Zaugg zurückkommt, rennt Max in den Kreis zurück und ruft: ‹Ahhh, schnäu wäg.›» (Beobachtungsprotokoll 1A 9. Februar 2022, Pos. 1602–1605)

> «Als ich ins Schulzimmer der 1./2.a eintrete, sind viele Kinder nicht an ihrem Sitzplatz, obschon dies eine vereinbarte Klassenregel ist. Nachdem ich im Zimmer eingetroffen bin, setzen sich viele Lernende ohne eine Aufforderung meinerseits an ihren Sitzplatz (wirke ich auf die Kinder als Lehrperson, obwohl ich mich als Forscherin vorgestellt habe?).» (Beobachtungsprotokoll 2C 11. Mai 2022, Pos. 392–396)

In der Art und Weise, wie die Lernenden auf die Anforderungen der Schule reagieren, zeigt sich primär die von den Lehrer*innen induzierte und allen Schüler*innen reflexiv verfügbare Unterscheidungsstrategie des *doing pupil*. Die Kinder identifizieren sich mit der Identität des schulkonformen Lernenden und verkörpern sie in ihrem Handeln und Sprechen.

Reaktion der Schüler*innen auf Anweisungen der Lehrperson
Grundsätzlich konnte ich in der Beobachtung der Reaktionen der Kinder auf die Anweisungen der Lehrpersonen Gehorsamkeit konstatieren. Die Schüler*innen erfüllen vorwiegend die Forderungen der Lehrer*innen und erkennen sie als Autorität an.

> «Frau Langenegger weist Jonathan an, sich aufzusetzen und gibt Albion und Luan den Auftrag, Jonathan loszulassen. Die Kinder befolgen die Anweisungen der Lehrerin.» (Beobachtungsprotokoll 1D 30. März 2022, Pos. 242–244)

> «Im selben Augenblick klingelt Frau Wirz zweimal die Glocke auf ihrem Tisch. Obschon nicht alle Schüler*innen ihre Aufmerksamkeit zur Lehrerin richten, erteilt diese Anweisungen zum Aufräumen. Ich bin überrascht, dass die Mehrheit der Lernenden sogleich, ohne weitere Aufforderung der Lehrperson, mit dem Wegräumen der NMG-Sachen beginnt.» (Beobachtungsprotokoll 2A 27. April 2022, Pos. 754–758)

In einer Anzahl von Fällen zeigen die Lernenden keine Reaktion auf einen Beitrag der Lehrperson beziehungsweise reagieren mit einer non-verbalen Äußerung.

> «Kurze Zeit später will Hamsa ins Nebenzimmer spielen gehen, die Lehrperson hält sie auf. Sie erkundigt sich: ‹Hesch du zersch dis Blatt agschribe, d Sache druf da, aues verrumt?› Hamsa nickt und begibt sich in der Folge ins Nebenzimmer.» (Beobachtungsprotokoll 1C 9. März 2022, Pos. 1904–1907)

> «Markus legt statt seinen Bildern seinen Kopf unter den Visualizer, was viel Gelächter auslöst. Der Schüler wird von Frau Zaugg ermahnt. In der Folge legt Markus seine Bildergeschichte hin, etliche Kinder merken an, dass sie die Bilder nicht sehen können. Frau Langenegger versucht die Klasse zu beruhigen und meint flüsternd: ‹Es chunt ja.› Danach rät sie Markus, dass er seine Bilder noch ein bisschen nach unten schieben solle. Der Junge wackelt mit den Finger hin und her, statt seine Karten zu verschieben. Die Klasse lacht und Frau Langenegger geht zu Markus hin.» (Beobachtungsprotokoll 1D 30. März 2022, Pos. 775–782)

> «Frau Wirz wendet sich an ihn und sagt: ‹So, Kilian. Komm jetzt.› Der Junge spitzt jedoch weiterhin seine Farben.» (Beobachtungsprotokoll 2B 4. Mai 2022, Pos. 215–217)

Vergleichsweise erlauben sich im Schulkontext 1 mehr Kinder, den Anweisungen der Lehrkräfte zu widersprechen oder sich ihnen zu widersetzen. In der erwähnten Unterrichtssituation in Merikon setzt sich Markus in Szene – ich habe seinen verschmitzten Gesichtsausdruck noch immer vor Augen – und genießt es, die Klasse zum Lachen zu bringen. Mit seinem selbstbewussten Auftreten und schlagfertigen Antworten wagt er, sich auch in weiteren Unterrichtsstunden über die Warnung der Lehrer*innen hinwegzusetzen, was ihm etliche Mitschüler*innen gleichtun.

> «Nachfolgend sollen sich die Kinder langsam zum Boden beugen. Markus fällt geräuschvoll zu Boden, Albion und Luan machen es ihm nach und alle drei lachen.» (Beobachtungsprotokoll 1D 30. März 2022, Pos. 1285–1286)

So wie das Ausloten von Grenzen im Schulkontext 2 kaum Thema ist, werden die Erwartungen oder Ermahnungen der Lehrkraft sehr selten hinterfragt. Dagegen werden solche Muster des gemeinsamen Aushandelns in Merikon tagtäglich praktiziert. Es lässt sich vermuten, dass sich in der 1. Klasse auf der Hinterbühne des Unterrichts so etwas wie eine Peerkultur etabliert hat.

> «Frau Wirz setzt fort: ‹Ja, oder Wasser. Dieses Buch kommt wieder so in die Schule. Hmm.› Sian ruft: ‹Warum?›» (Beobachtungsprotokoll 2B 4. Mai 2022, Pos. 852–853)

> «Sie widmet sich stattdessen Yannick und weist ihn an, sich richtig hinzusetzen. Der Junge fragt zurück: ‹Werum?›» (Beobachtungsprotokoll 1D 30. März 2022, Pos. 1312–1314)

> «Frau Langenegger fährt fort: ‹Ich hab's nicht gerne, wenn ihr vorne seid und dann blödelet, weil die Zeit, die läuft.› Albion kommentiert: ‹Mir düe ja nid blöd.›» (Beobachtungsprotokoll 1D 30. März 2022, Pos. 819–821)

Trotz der Diskrepanz der Schüler*innnenreaktionen auf die Anweisungen der Lehrer*innen können einzelne Gemeinsamkeiten festgehalten werden. Wenn die Lernenden sich ihrem Fehlverhalten bewusst sind, resp. anerkennen, dass es nicht den schulischen Erwartungen entspricht, drücken sie, in Losslingen öfter als in Merikon, Schamgefühle aus und versuchen ihr Verhalten zu begründen.

> «Die Lehrperson weist Markus an, seine Finken anzuziehen. Markus meint: ‹Ja, i finge die niene.›» (Beobachtungsprotokoll 1C 9. März 2022, Pos. 1251–1252)

> «Im Anschluss krümmt Frau Zaugg mehrmals den Zeigefinger zusammen und winkt so Dario zu sich. Der Schüler steht auf, setzt sich neben die Lehrerin hin und schaut zum Fußboden.» (Beobachtungsprotokoll 1C 9. März 2022, Pos. 693–695)

> «Frau Wirz ruft Kilian auf und ermahnt Leo, der weiterhin mit den Finken spielt: ‹Du Leo, das ist jetzt eigentlich nicht der Moment.› Leo errötet ein wenig und zieht seine Hausschuhe wieder an.» (Beobachtungsprotokoll 2A 27. April 2022, Pos. 831–833)

Wie wirkungsvoll das *doing pupil* ist, manifestiert sich in den Reaktionen der Kinder auf die Anweisungen der Lehrer*innen daran, dass sie in Schulkontext 2 kaum und in Schulkontext 1 nur vereinzelt die gesetzten Regeln hinterfragen oder sie versuchen zu umgehen. Die Autorität der Lehrkraft wird von den meisten Lernenden anerkannt (*doing generation*) und sie sind bestrebt, die Pflichten des angepassten Schüler*innenseins zu erfüllen. Konträr dazu wagen ein paar Kinder in Merikon die aufgestellten Verhaltensregeln zu unterlaufen und so der schulischen Verfügungsgewalt der Lehrerin entgegenzuhalten. Dieser Akt von Ungehorsamkeit ist ausschlaggebend für die Entwicklung einer Peerkultur, die der machtlosen Unterwerfung unter die Lehrperson ein Gefühl von Gemeinschaft und Solidarität entgegensetzt (*doing peer*).

Bewertung des Schüler*innen-Verhaltens durch Peers

Obgleich im Schulkontext 1 einzelne Kinder beobachtet werden können, die versuchen, sich den aufgestellten Regeln zu entziehen, sie umzudeuten oder zu hinterfragen, ist die generelle Bereitschaft der Erst-/ Zweitklässler*innen, die Regeln zu befolgen, groß. Die Schüler*innen der zwei Schulkontexte überwachen einander bezüglich der Einhaltung der impliziten oder expliziten schulischen Anforderungen und beurteilen das Verhalten der Mitschüler*innen dementsprechend positiv oder negativ. Die von den Lehrpersonen entgegengebrachte Norm des angepassten Schüler*innenverhaltens wird von den Schulkindern übernommen und funktioniert sozusagen als Maßstab zur Bewertung des Verhaltens von Peers. So weisen etwa die Kinder ihre Mitschüler*innen auf die geltenden Verhaltensanforderungen hin und weisen sie für ihr Fehlverhalten zurecht.

> «Ich beobachte, wie Amelia und ihre Sitznachbarin ihr Zeichnungsheft auf dem Pult haben und malen. Ivo geht zu den beiden Mädchen und bemerkt: ‹Es isch Läsezyt!› Amelia antwortet: ‹Mir schribe e Gschicht, die chöimr ja när ou läse.› Der Junge schüttelt schmunzelnd den Kopf und geht zurück an seinen Platz.» (Beobachtungsprotokoll 2B 4. Mai 2022, Pos. 23–26)

> «Jonathans Singen und Rufen wird immer lauter. Valentina ruft von ihrer Ecke aus: ‹Stiuuuuuuuuuuu! Jonathan!›, Malea stimmt ein und sagt laut: ‹Hör uuuuf! Wäge dir bechömemr e chlineri Pouse über!›» (Beobachtungsprotokoll 1B 16. Februar 2022, Pos. 875–878)

In der oben zitierten Unterrichtssequenz macht Malea in ihrer Bewertung des Verhaltens von Jonathan zusätzlich auf die kollektiven, negativen Folgen seines Verhaltens aufmerksam. In ähnlichen Situation, in denen ein Kind in den Augen seiner Peers die Aufgaben des Schüler*innenseins nicht erfüllt, wird die Lehrerin über das unzureichende Verhalten informiert.

> «Dario und Markus malen einander mit dem Pinsel aufs Blatt. Markus meldet dies der Lehrperson, jedoch so, als hätte nur Dario auf sein Bild gemalt und nicht umgekehrt. Dario verteidigt sich und weist darauf hin, dass Markus auch auf sein Blatt gemalt habe. Frau Zaugg tadelt Dario: ‹Stopp! Jetzt malet dr niemerem meh ufs Blatt. Das geit gar nid.› Lisa fügt an, dass die Jungs auch die Buchstabentafel an der Wand angemalt haben. Frau Zaugg sagt in einem strengen Ton: ‹Hey! Sonst kommt einer von euch nach vorne.› Zu Dario gewandt fügt sie an: ‹Das ist schon deine 2. Warnung. Bei der 3. Warnung kommst du zu mir.› Die Schüler*innen arbeiten weiter, […]. Markus und Dario malen statt ihr Bild die Buchstabentabellen an der Wand mit Wasserfarbe an. Lisa und ihre Pultnachbarin beobachten das Geschehen eine Weile und beschließen dann den Vorfall der Lehrperson zu melden. Markus rechtfertigt sich, indem er behauptet, dass er es nicht extra gemacht habe.» (Beobachtungsprotokoll 1B 16. Februar 2022, Pos. 1405–1424)

Bei der beschriebenen Unterrichtsszene fällt auf, wie sehr Markus bemüht ist, der Lehrperson seine Unschuld zu beweisen, während er gleichzeitig die gesetzten Regeln gezielt übergeht. Er nutzt dabei seinen schon häufig als fehlbar markierten Pultnachbar, um sich der Lehrperson als angepassten Schüler zu präsentieren (was ansatzweise sogar funktioniert). Die Absetzung von Peers, die den Anforderungen der Lehrperson noch nicht routinemäßig gerecht werden, geschieht in Merikon fortlaufend, in Losslingen in einem tieferen Ausmaß. Die Schüler*innen bezwecken damit, sich selbst als erfolgreiche Schüler*innen und anerkannte Mitglieder der Schulklasse zu repräsentieren.

> «Jonathan und Yannick scheinen sich nicht einig zu sein, wer den letzten Spielzug gewonnen hat. Yannick meint: ‹Du lügsch!› Der Junge ruft daraufhin laut: ‹Frou Zaugg! Yannick spielt nid richtig!›» (Beobachtungsprotokoll 1A 9. Februar 2022, Pos. 1355–1358)

> «Die involvierten Kinder werfen Irena vor, dass sie mit dem Biber gespielt habe, da er nun auf dem Boden und nicht mehr unter der Tafel liege. Melery behauptet: ‹Är isch hie gsi, gäu Amar.› Irena meint: ‹Gang doch d Frou Wirz ga frage. Amar erwidert: ‹Nei, er isch obe gsi.› Auch Melery hält daran fest, dass der Biber vorher unter der Tafel gewesen sei.» (Beobachtungsprotokoll 2C 11. Mai 2022, Pos. 888–893)

In Situationen, in denen die Kinder nicht der Norm des angepassten Schülers/der angepassten Schülerin entsprechen, drohen die Peers, der Lehrkraft davon zu erzählen, um den Ernst der Angelegenheit zu betonen.

Während die Androhung in Schulkontext 2 Wirkung zu zeigen scheint, wird sie in Schulkontext 1 nicht immer ernst genommen und löst in gewissen Situationen eine Auseinandersetzung und einen Machtkampf zwischen weiteren Mitschüler*innen aus.

> «Ich beobachte Cagla und Melery, die über eine längere Zeit den Radiergummi von Cagla suchen. Melery nimmt den Radiergummi ihrer Pultnachbarin und gibt ihn Cagla. Cagla meint: ‹Der ist nicht meins, sonst sag ich.› Melery legt den Radiergummi wieder zurück.» (Beobachtungsprotokoll 2B 4. Mai 2022, Pos. 963–966)

> «Markus singt ein Lied und macht dazu Bewegungen mit den Armen und Beinen. Dario macht an seinem Platz auch gleich mit. Lisa warnt den Jungen: ‹Hör uf! I säges!› Markus ruft dazwischen: ‹Nid› Yannick fügt an: ‹Doch, Markus!›» (Beobachtungsprotokoll 1C 9. März 2022, Pos. 1241–1244)

Die Lernenden zeigen sich stolz, wenn sie sich im Unterricht nach den schulischen Normen zu bewegen wissen, insbesondere, wenn sie Gleichaltrige sehen, die diese Fähigkeiten noch entwickeln. In der Reaktion von Yannick auf die Rüge seines Mitschülers kann geradezu ein gewisses Mass an Schadenfreude ausgemacht werden.

> «Frau Langenegger fragt nochmals: ‹Aber, Jonathan, Jonathan. Wenn de ids dänksch es stimmi nid. Was chasch de ungernäh u mache? Eifach gad mau loslege mit öperem verletze? Was wär e angeri Müglechkeit? Wüu i gloube dr Luan hets ids gad rächt, am Luan hets rächt weh ta. Oder? Chasch doch eifach aus erschts mau nume nachefrage.› Luan sagt nichts, hat aber Tränen in den Augen. Yannick grinst und hebt ermahnend seinen Zeigefinger.» (Beobachtungsprotokoll 1C 9. März 2022, Pos. 1129–1135)

Über die Bewertung des Peer-Verhaltens anhand der explizit formulierten schulischen Anforderungen hinaus gibt es eine Reihe von impliziten Regeln, welche die Schülerinnen ebenfalls zur Beurteilung heranziehen. Diese unausgesprochenen Normen dürften bestimmt nicht allen Schüler*innen gleich geläufig und vertraut sein.

> «Die Klasse verneint dies und Yannick formt mit seinen Händen eine Brille, die er um seine Augen legt. Er gibt bekannt, dass er auch eine Brille trage. Markus bemerkt: ‹Über das macht me ke Spass.›» (Beobachtungsprotokoll 1C 9. März 2022, Pos. 837–840)

> «Ich gehe im Zimmer herum und beobachte, wie Jonathan einem Mädchen (Malea) einen Filzstift vom Pult wegnimmt. Malea reagiert genervt: ‹Jonathan, du hesch gar nid gfragt!› Jonathan ignoriert dies jedoch und spricht mit seinem Pultnachbar über seinen gebastelten Piraten. Malea wiederholt nochmals ihre Aufforderung, dass er zuerst fragen soll, wenn er einen Stift ausleihen möchte. Auch dieses Mal reagiert der Junge aber nicht darauf.» (Beobachtungsprotokoll 1B 16. Februar 2022, Pos. 1166–1171)

Im Verlauf meiner Unterrichtsbeobachtungen erwies sich, dass die Beurteilungen des Peer-Verhaltens, vor allem in Merikon einen beachtlichen Einfluss auf den sozialen Ort der Individuen im Machtgefüge der Klasse ausübten. Das Verhalten einzelner Schüler*innen wurde von den Mitschüler*innen generalisiert und somit deren Platz im sozialen Gefüge festgemacht.

> «Max teilt der Lehrkraft mit, dass Yannick etwas vom Lehrerinnen-Pult gestohlen habe, aber Frau Zaugg unterbricht ihn und ruft zweimal: ‹Pscht!» Yannick kommentiert: ‹Du muesch immer rätsche.› Jonathan fügt an: ‹Heter nid.› Da die Zwischengespräche weitergehen und die Kinder nicht in den Sitzkreis kommen, lässt die Lehrerin das Windspiel ein weiteres Mal erklingen. Ich höre, wie Yannick zu Markus meint, dass Dario nicht sein Freund sei. Markus erwidert: ‹Söui dr Dario umbringe?›» (Beobachtungsprotokoll 1C 9. März 2022, Pos. 1690–1696)

> «Jonathan geht zurück in den Sitzkreis und teilt der Lehrperson mit: ‹Dr Dario het dr Chnoblouch ufs 2 ufegschobe vom 3.› Dario verneint dies und Jonathan meint: ‹Doch, i has gseh.› Dario verteidigt sich: ‹Das isch d Hamsa gsi, es isch d Hamsa gsi.› Hamsa reagiert: ‹Das stimmt nid. Due nid immer angeri beschuldige!›» (Beobachtungsprotokoll 1C 9. März 2022, Pos. 1721–1725)

Pauschalisierende Urteile über das Peerverhalten dienen nicht nur zur Konstruktion einer sozialen Ordnung innerhalb der Schulklasse, sondern werden auch zur Festigung von Geschlechteridentität herangezogen. Indem Albion im nachfolgenden Unterrichtsszenario Mädchen als stille und verhaltenskonforme Lernende etikettiert, (re-)produziert er den Geschlechterstereotyp des «lauten, unangepassten Jungen». Solche Gendervorstellungen orientieren das Verhalten aller schulischen Akteur*innen, indem sie den Rahmen für geschlechtsrollenkonformes Verhalten vorgeben.

> «Hamsa freut sich über den Sieg der Mädchen. Yannick meint: ‹Ja, chum mir maches.› Frau Langenegger hebt ihre Stimme und erläutert weiter: ‹Aber schaut mal, jetzt ist natürlich…› Sie wird von Albion unterbrochen, der meint: ‹Ja, d Meitli düe nid rede.›» (Beobachtungsprotokoll 1C 9. März 2022, Pos. 450–454)

Unter Berufung auf die normativen Vorstellungen des angemessenen Schüler*innenseins (*doing pupil*) beurteilen die Erst- & Zweitklässler*innen das Verhalten ihrer Mitschüler*innen und grenzen ihr eigenes, schulkonformes Verhalten von dem der fehlbaren Peers ab. Mit diesem *doing difference* positionieren sie sich als vollwertige Mitglieder der Schulklasse (*accountability*) und typisieren nebenher die unangemessenen Verhaltensweisen von Gleichaltrigen. In Merikon treten derartige Grenzziehungen an verschiedenen Stellen in Kombination mit der Adressierung des Geschlechts (*doing gender*) der Lernenden hervor. Die Beurteilung von Mitschüler*innen über das *doing pupil while doing* peer, bzw. dem *doing pupil while doing gender*, führt demzufolge zur Konstruktion einer sozialen Hierarchie zwischen den angepassten Schüler*innen und den Anderen (*othering*).

Bewertung der Leistung der Peers

Die Beurteilung der Gleichaltrigen orientiert sich in den besuchten Schulklassen nicht nur an der Erreichung normativer Verhaltensstandards, sondern auch an den schulischen Leistungsforderungen. Im Unterricht kann beobachtet werden, dass die Schülerschaft die Leistungserwartungen der Lehrer*innen weitgehend übernehmen und zur Bewertung der Peers einsetzen. Was als Leistung gilt, ist nicht definitiv festgeschrieben, es wird vielmehr im Schulalltag andauernd wieder konstruiert und an eine Vielzahl von Faktoren gebunden, wie Geschwindigkeit, Arbeitsmoral, Sprachkenntnisse, Alter usw. In den täglichen Unterrichtsgesprächen sowie den Arbeitsphasen sind die Schüler*innen also ständig sowohl der Beurteilung der Lehrperson wie der ihrer Mitschüler*innen ausgesetzt. Die Beiträge und Leistungen der Lernenden werden von den Peers verbal oder non-verbal kommentiert und bewertet, Arbeitsprodukte gegenseitig begutachtet.

> «Der Junge nennt das Wort Jo-jo und Emma-Lou zeigt auf das Bild des Kajaks und fragt: ‹Ist es das?› Albion hebt eine Augenbraue und erwidert nichts.» (Beobachtungsprotokoll 1C 9. März 2022, Pos. 324–326)

«Zuletzt folgt noch das Einstellen des Wetters, welches Emilija übernimmt. Emilija stellt auf Regen ein und sagt ‹es rägnet›. Yannick verneint mit ‹nä-ä›. Lisa erwidert: ‹Doch, es het e chli grägnet›. Yannick schüttelt den Kopf.

Frau Zaugg bemerkt: ‹Mhmm, regnet es draußen?›

Einige Kinder antworten ‹nä-ä›, ein Mädchen sagt ‹jaa› und Emilija beharrt auch darauf mit ‹doch.›» (Beobachtungsprotokoll 1B 16. Februar 2022, Pos. 104–111)

Die Erstklässler im Schulkontext 1 streiten sich über die Richtigkeit der von Emilija eingestellten Wetteranzeige. Diverse Kinder erkennen den Beitrag der Schülerin als falsch, andere unterstützen ihre Ausführung. Alle Beteiligten präsentieren ihre eigene Meinung als korrekt. Ausgenommen der Lehrkraft, welche die Handlung von Emilija weder explizit verifiziert noch als inadäquat kennzeichnet, einzig mit einer fragenden Bemerkung implizit negativ konnotiert. Solchen unaufgeforderten Rückmeldungen von Schüler*innen zu den Leistungen der Gleichaltrigen stehen in Schulkontext 2 die von der Lehrperson eingeforderten Peer-Feedbacks gegenüber.

«Zum Schluss gibt noch Ivo dem Jungen eine Rückmeldung zur Vorstellung des Tagesablaufs. Er sagt: ‹Ich finde, du hast es gut gemacht für einen Erstklässler. Einfach du könntest noch ein bisschen deutlicher sprechen und dann noch ein bisschen schneller. Sonst war alles gut.›» (Beobachtungsprotokoll 2A 27. April 2022, Pos. 186–189)

Ivo bringt in seiner Rückmeldung zur Vorstellung des Tagesablaufs das Alter ins Spiel. Die Präsentation von Kilian wird am Maßstab der Kompetenzen eines Kindes der 1. Klasse gemessen und von Ivo als angemessen betrachtet. Seine Bewertung widerspiegelt die von der Lehrerin hervorgebrachte, jahrgangsdifferenzierte Leistungsforderung innerhalb der Mischklasse. Im Deutschunterricht, der in Losslingen nach Jahrgangsstufe getrennt erfolgt, tragen die Kinder demzufolge andere Kriterien zur Einschätzung der Performances ihrer Mitschüler*innen heran.

«Sian gibt bekannt, dass er das Krokodil habe und versucht zu entziffern, welches Tier als nächstes gefragt ist. Als er sich nach wenigen Sekunden nicht äußert, eilen ihm David und Natascha zu Hilfe. Natascha liest schließlich vor: ‹Wer hat das Schwein?› Sian wiederholt den Tiernamen, dann geht das Spiel weiter.» (Beobachtungsprotokoll 2A 27. April 2022, Pos. 945–949)

Die Leseleistung von Sian entspricht in den Augen von David und Natascha nicht den schulischen Ansprüchen, Sian beherrscht das synthetisierende Lesen noch nicht. Durch ihre Unterstützungsleistung markieren sie diese Unzulänglichkeit und führen im gleichen Zug ihr eigenes Können vor. In Merikon stellt das Arbeitstempo der

Mitschüler*innen ebenso ein Merkmal für die Peer-Leistungsbewertung dar. Die Bearbeitungsstände werden untereinander immerzu verglichen und der Abschluss eines Auftrags öffentlich kundgetan.

> «Valentina, Hamsa und Enisa lösen in der Nähe des Kreises gemeinsam ein Lese-Mal-Blatt. Valentina äußert sich nach einer Weile: ‹I bi de fertig, zersch.›» (Beobachtungsprotokoll 1A 9. Februar 2022, Pos. 1497–1499)

> «Ein Junge ist bereits fertig mit dem Zahlenschreibheft und erhält von Frau Zaugg ein Zusatzarbeitsblatt. Jonathan kommentiert dies mit: ‹I bi ids de o gad fertig, i bi bim 19.›» (Beobachtungsprotokoll 1B 16. Februar 2022, Pos. 261–263)

Im Laufe von Einzelarbeitsphasen wurden in beiden Schulkontexten auf der Hinterbühne des Unterrichts, leise Gespräche geführt und Kommentare zu den Arbeiten der Peers abgegeben. In solchen Momenten, in denen sich einzelne Kinder als Prüfer*innen der erbrachten Leistungen der Mitschüler*innen aufspielten, wurden die Leistungsforderungen der pädagogischen Fachkräfte aufgegriffen und als Beurteilungsmaßstab herangezogen.

> «Dario kommentiert die Arbeit von Yannick grinsend: ‹Bim 20 muesch aues usgummele und wieder neu schribe!› Dann kehrt er an seinen Sitzplatz zurück.» (Beobachtungsprotokoll 1B 16. Februar 2022, Pos. 343–344)

> «Kurze Zeit später arbeiten die meisten Schüler*innen konzentriert im Schreibheft, ausser Max, der wieder seine Namensetikette auf dem Schreibheft anmalt. Markus merkt an: ‹Dr Max duet schummle.›» (Beobachtungsprotokoll 1D 30. März 2022, Pos. 1152–1154)

> «Ich höre, wie Irena Jaras Bild kommentiert: ‹Nicht so klein.› Jara antwortet: ‹Doch, da zeichne ich noch einen Baum.› Irena meint: ‹Neeei, mir dörfe kei Boum.›» (Beobachtungsprotokoll 2C 11. Mai 2022, Pos. 680–682)

All diesen Beurteilungen der Leistungsfähigkeit der Peers sind Praktiken der Selbstpositionierungen immanent. Die Lernenden bringen sich, in Abgrenzung zu den Gleichaltrigen, als gute Schüler*innen hervor, welche die ex- oder impliziten Leistungserwartungen der Lehrer*innen erfüllen. Dass auch dem Sprachgebrauch eine Leistungslogik immanent ist, in der es ein situationsbedingtes richtiges und falsches Sprechen gibt, machen die nachkommenden Beispiele deutlich.

> «Albion steht hinter mir in der Reihe an und meint zu Jonathan, der nun an der Kasse tätig ist, dass er auch auf Hochdeutsch oder auf Türkisch sprechen könne. Albion bestellt dann aber seine Ware auf Mundart und duzt die Verkäufer*innen. Yannick

korrigiert ihn und bemerkt: ‹Es heisst heit dir.›» (Beobachtungsprotokoll 1D 30. März 2022, Pos. 1050–1054)

«Er teilt Kilian mit, dass er es Frau Wirz sagen werde, da man keine schlechten Wörter sagen dürfe.» (Beobachtungsprotokoll 2B 4. Mai 2022, Pos. 682–684)

Die Lernenden werden über die Beobachtungen und Bewertungen der Mitschüler*innen den schulkonformen Sprachnormen unterworfen. Die Leistung der Kinder besteht nebst dem eigentlichen Sprechen also zusätzlich darin, die konstitutiven und oft impliziten Regeln des Sprachgebrauchs zu verstehen und zu beherrschen. Weitere (re-)konstruierte Praktiken der Peer-Beurteilungen zeigen, wie sich die Lernenden tagtäglich im Hinblick auf die erbrachten Leistungen vergleichen und leistungsbezogene Adressierungen und Positionierungen untereinander verhandeln.

«Luan teilt Dario mit: ‹Dario, du machsch es fausch.› Dario antwortet: ‹Mann, i weiss es doch. I has doch einisch gfautet.›» (Beobachtungsprotokoll 1C 9. März 2022, Pos. 973–975)

«Markus geht hiernach an seinen Sitzplatz zurück und schneidet eine Augenklappe aus schwarzem Papier aus. Maria fragt die Lehrerin: ‹Isch dr Markus scho fertig worde?› Frau Zaugg bejaht dies und Markus fügt hinzu: ‹Und isch ou dr schöönscht!›» (Beobachtungsprotokoll 1A 9. Februar 2022, Pos. 781–784)

«Elena berichtet mir stolz: ‹I ha aues fertig.› Ich antworte: ‹Bravo!›

Elena meint: ‹Obwohl ich sonst immer die Letzte bin, habe ich es heute geschafft. Jara war heute die Letzte, sonst ist sie immer die Erste.›» (Beobachtungsprotokoll 2A 27. April 2022, Pos. 758–762)

Die Bemerkung zur persönlichen Leistungsfähigkeit von Elena und deren Verortung im Klassengefüge illustriert, wie die, durch Lehrpersonen oder Mitschüler*innen vorgenommenen Leistungsbeurteilungen, eine gewisse zeitliche Stabilität aufweisen. Die aufgrund wiederholender Praktiken festgelegte Leistungsordnung innerhalb einer Schulklasse kreiert leistungsbezogene Differenzen im Unterrichtsgeschehen. Während sich eine Lehrerin im Schulkontext 1 dafür einsetzt, wertende Leistungsmarkierungen unter den Schüler*innen zu unterbrechen, ist der Unterricht der anderen Lehrperson wiederkehrend durch offenen Leistungswettbewerb gekennzeichnet.

«Da höre ich gerade, wie Max sein Bild mit dem von Emma-Lou vergleicht. Er gibt bekannt: ‹Aber miis isch schöner.› Frau Zaugg interveniert: ‹Stopp. Das. Dir gefällt deins besser und dir gefällt deins besser. Ist doch ok so.› Sie fügt an Emma-Lou gewandt an: ‹Max gefällt sein Bild besser. Das ist ok und dir gefällt deins besser. Das isch doch guet.›» (Beobachtungsprotokoll 1A 9. Februar 2022, Pos. 1280–1284)

> «Auf die beiden freien Stühle neben der Lehrperson darf sich nun jemand setzen, der eine Idee hat, wer er oder sie sein möchte. Yannick und Hamsa spurten zu den Stühlen, sie wollen den gleichen Stuhl ergattern. Hamsa ist ein wenig schneller, die Lehrperson bemerkt: ‹Muesch gad schnäu warte idämfau, Yannick. Ids isch haut d Hamsa gad zersch gsi.›» (Beobachtungsprotokoll 1B 16. Februar 2022, Pos. 1038–1043)

Auch die Kinder des Schulkontexts 2 befinden sich hinsichtlich ihres Leistungsvermögens in einem Wettbewerb zueinander, der von Kommentaren der Lehrkraft, wie *«Cagla hat einen perfekten Biber vorgezeichnet» (Beobachtungsprotokoll 2 C 11. Mai 2022, Pos. 686–687)*, kontinuierlich vorangetrieben wird.

> «Ich schmunzle und bewege mich weiter im Klassenzimmer umher. Als ich bei Emma vorbeigehe, höre ich wie sie Leon fragt: ‹Wer hat den besseren Biber? Noor oder Cagla?› Leider bekomme ich die Antwort von Leon nicht mit, da Kilian mich im selben Moment nach der Uhrzeit fragt.» (Beobachtungsprotokoll 2C 11. Mai 2022, Pos. 703–706)

Die schulische Leistung ist in beiden Schulkontexten unter den Lernenden ein omnipräsentes Thema. Sie richten sich nach dem schulischen, von den pädagogischen Fachkräften entgegengebrachten, Leistungsprinzip (*doing pupil*) aus und überwachen, kommentieren und bewerten fortwährend die Arbeitsleistungen der Mitschüler*innen. Peer-Leistungsbewertungen sind demnach als soziale Praktiken zu charakterisieren, in denen Leistung simultan an den schulischen Erwartungen gemessen und subjektiv bedeutsam hervorgebracht wird. Das Leistungsverständnis der Lernenden ist weit gefasst und beinhaltet nicht nur kognitive Aspekte, sondern bezieht auch das Alter (*doing age*) oder den Sprachgebrauch (*doing legitimate language*) als Bewertungskriterien mit ein. Die Peer-Beziehungen sind durch die interne Leistungskonkurrenz gekennzeichnet, sich möglichst weit oben in der Leistungsordnung der Klasse positionieren zu können. Welch weittragende Bedeutung die Leistungsbewertungen für den sozialen Ort eines Lernenden unter den Peers haben, veranschaulichen die Ausführungen im nächsten Abschnitt.

Soziale Interaktion unter den Schüler*innen

Die sozialen Interaktionen zwischen den Kindern gestalten sich in den beiden Schulkontexten auffallend divergent. So erlebe ich auch das Klassenklima in den beiden Schulklassen, wie bereits unter 4.2.1 erwähnt, sehr unterschiedlich. Während die verschiedenen Formen der Schüler*inneninteraktion in formellen Settings des Unterrichts bereits in den vorangehenden Teilen der Arbeit beleuchtet wurden, fokussiert dieses Teilkapitel die Art und Weise, wie die Schüler*innen in informellen

Unterrichtssituationen miteinander interagieren. Gemeinsam ist beiden Schulkontexten, dass der Unterricht während eines Vormittags mit kürzeren oder längeren Spielpausen unterbrochen wird. Die Kinder beschäftigen sich in dieser Zeit einzeln oder in kleinen Gruppen an verschiedenen Orten im und ums Schulhaus. Sie nutzen die vielfältigen Spiel- und Bewegungsangebote, spielen Rollenspiele, malen, basteln oder schauen sich Bücher an. In diesen Pausenphasen haben die Kinder eher die Möglichkeit, sich der Aufsicht der Lehrperson zu entziehen, was zu vermehrten Aushandlungsprozessen untereinander führt. Um diese Aushandlungen in den Gesprächen und Interaktionen der Schüler*innen geht es im Folgenden.

Im Gegensatz zum Schulkontext 1 verbringen die Schüler*innen im Schulkontext 2 die Pausen sowohl in geschlechtshomogenen wie auch -heterogenen Gruppen. Im Zuge dieser Handlungen werden gewisse (unausgesprochene) soziale Regeln befolgt, indem beispielsweise um Mitspielerlaubnis gefragt wird.

> «Ich betrachte danach das Geschehen in der kleinen Pause der 1. Klasse. Ich stelle fest, dass Kilian und Cagla gemeinsam mit den Legos spielen und sich auch weitere geschlechtergemischte Spielkonstellationen gebildet haben.» (Beobachtungsprotokoll 2A 27. April 2022, Pos. 889–892)

> «Als Irena ihre Hände gewaschen hat, fragt sie ihre Mitschüler*innen, ob sie auch beim Alarmspiel mithelfen dürfe. Keiner der Knaben sagt etwas, nur Amar zuckt mit den Schultern. Irena beschließt daraufhin den Jungen beim Spielen zuzuschauen.» (Beobachtungsprotokoll 2C 11. Mai 2022, Pos. 38–41)

Irena wird in der obenstehenden Spielsequenz zwar von ihren Mitschüler*innen nicht direkt ausgeschlossen, sie erhält aber auch keine eindeutige Erlaubnis zum Mitmachen. Amar, der als Einziger auf die Frage von Irena mit einer non-verbalen Geste reagiert, scheint unentschlossen zu sein. Vielleicht hat dies damit zu tun, dass er sich nicht getraut ein Machtwort auszusprechen. Derartige Gruppenbildungen und Verhandlungen über das Mitspielrecht bestimmter Mitschüler*innen finden in Merikon genauso statt, wobei Geschlechterrelevanzen hervorgehoben werden (*doing gender*). Die Mehrheit der Kinder in Merikon bevorzugt es, mit Kindern des eigenen Geschlechts zu spielen und zu interagieren, was in der Etablierung von Geschlechtergrenzen bezüglich des Mitspielrechts zum Ausdruck kommt. In wenigen Fällen können Mädchen und Jungen beobachtet werden, die sich wagen, diese machtvolle Grenzziehung zu überschreiten.

> «Emma-Lou meldet Dario: ‹Dario, i chas mit dir spiele, isch guet?› Dario nickt und wartet bis seine Mitschülerin mit Aufräumen fertig ist. Im Anschluss daran spielen die beiden ein Kartenspiel. Mir fällt auf, dass sie die einzige Gruppe sind, die geschlechterdurchmischt einen Posten bearbeiten. Die anderen Gruppen arbeiten

alle in geschlechtshomogenen Formationen.» (Beobachtungsprotokoll 1B 16. Februar 2022, Pos. 1531–1535)

«Max baut an seinem Schiff weiter, indem er Kissen als Schiffswand auftürmt. Er scheint sich gerade nicht mehr für die Mädchen und ihr Schiff zu interessieren. Kurze Zeit später steht Hamsa vor der Wippe und steht mit einem Fuss darauf. Lisa schreit und meint: ‹Nid döört!› Hamsa nimmt daraufhin ihren Fuss wieder weg. Lisa teilt Hamsa sodann mit: ‹Ok. Du chasch ou uf üses Schiff cho, si isch ja es Meitschi.›» (Beobachtungsprotokoll 1A 9. Februar 2022, Pos. 553–558)

Das *doing gender* ist in den Interaktionen der Schüler*innen in Merikon etwas Allgegenwärtiges, vermutlich auch deshalb, weil das Geschlecht von den pädagogischen Fachkräften (wie im Abschnitt 4.2.1 beschrieben) fortan hervorgebracht wird. Dadurch, dass in Ermahnungen der Lehrer*innen ausschließlich die Jungen als zusammengehörende Gruppe adressiert werden, wird ihr Verhalten über *doing pupil while doing gender* in der Klassenöffentlichkeit konsekutiv als «unangepasstes Schüler*innensein» etikettiert. Daher ist es nicht verwunderlich, dass sich Mädchen auch in informellen Situationen des Schulalltags ganz klar von den Jungen abgrenzen und umgekehrt diese sich von den Mädchen distanzieren. Trotz dieser klaren Grenzziehung entzünden sich in regelmäßigen Abständen Streitereien zwischen den Geschlechtergruppen, welche im unten erläuterten Kontext Provokationen der Jungen als Ausschlagpunkt haben.

«Jonathan fordert Luan dazu auf, mit ihm zusammen ins Klassenzimmer zu gehen. Yannick folgt den beiden und tritt beim Hinausgehen mit seinem Fuss fest auf die grüne Wippe, auf welcher ein Mädchen am Liegen ist. Das Mädchen ruft: ‹Yaaanick!›» (Beobachtungsprotokoll 1B 16. Februar 2022, Pos. 897–900)

Mit seiner körperlichen Handlung versucht Yannick Kontakt zu einem Mädchen herzustellen, die sich als Grenzüberschreitung lesen lässt. Das Mädchen missbilligt mit ihrer lautstarken, identifizierenden Namensnennung das Verhalten von Yannick. Einen Augenblick später provoziert der gleichen Schüler über weiteres grenzverletzendes Verhalten den Fortgang des indizierten Geschlechterkonflikts. Luan und Markus ziehen im Sinne des solidarischen Handelns unter den Geschlechtern zuerst mit, bezeichnen dann aber durch den Einsatz körperlicher Maßnahmen – das Festhalten von Yannick – das Wegnehmen der Gymnastikmatte als nicht legitim. Der Geschlechterkonflikt rehabilitiert sich durch das physische Eingreifen zu einer Auseinandersetzung über Besitzverhältnisse. Weshalb Markus und Luan sich plötzlich auf die Seite der Mädchen stellen, kann anhand der Beobachtungen nur erahnt werden. Zum einen könnte die Angst vor Konsequenzen des Nichtbefolgens des Verhaltenskodex die Kinder dazu veranlassen, die Peeraktivitäten zugunsten schulaffirmativen Verhaltens zurückzustellen, was allerdings im Widerspruch zur sich im Datenmaterial abzeichnenden Entwicklung der Peerkultur stehen würde. Zum anderen könnte der abrupte Verhaltenswandel von Luan, Markus und Jonathan auf den konjunkturellen und temporären Charakter von *doing difference* Prozessen hinweisen. Soziale Differenzierungen können einander überlagern und im zeitlichen Verlauf mit unterschiedlicher Intensität in den Vordergrund treten. In der beschriebenen Spielsituation wird mit dem Unterstützen der Mädchen die Geschlechterkategorisierung von Jonathan, Markus und Luan quasi von der Aushandlung von Besitz untergraben. Wie der zitierte Ausschnitt darlegt, geht es bei der Klärung von Besitz nicht nur um den Gegenstand selbst, sondern um die Aushandlung der Entscheidungsmacht, die besagt, ob und wer ihn im Folgenden benutzen darf. Es kann hier demzufolge eine kurze Phase des *undoing gender* festgehalten werden, welche mit dem Verweis auf die sozialen Regeln sozusagen vom *doing peer* abgelöst wird. Im Augenblick, in dem das akustische Signal die Aushandlungen der Besitzverhältnisse unterbricht, kann in der Androhung von Gewalt bei Markus eine Wiederaufnahme des *doing gender* erkannt werden. Jonathan schließt sich ihm mit der geschlechtsabhängigen Abwertung der Mädchen gleich an.

> «In diesem Moment kommen Jonathan, Yannick und Luan wieder ins Nebenzimmer, nun ist auch Markus dabei. Jonathan ruft: ‹Machemr Lärme, haut. Mir mache Lärme!› Jonathan und Yannick beginnen laut zu singen. Malea ruft: ‹Neeei, das Baby schlaft!› Yannick steht auf die grüne Wippe und versucht Hamsa von dieser herunterzuspicken. Hamsa schreit: ‹Yaaanick!!› Als Nächstes nähert sich Yannick der Spielecke der Mädchen. Valentina sagt: ‹Gööht wääg mann!› Yannick nimmt die Absperrung der Spielecke (Gymnastikmatte) weg, Luan und Markus halten ihn fest. Lisa ruft: ‹Neeeei!›, Malea und Valentina fügen an: ‹Yaaaanick! Yaaanick! Das hei mir zersch gha!› Lisa kommt zu mir und beklagt sich: ‹Die heis üs wäg gnoh.› Ich beobachte die Situation und sehe, dass Markus versucht den Streit zu schlichten: ‹Ke Striit Yannick, la se!›
>
> Yannick: ‹Neei!›
>
> Markus: ‹Doch, la se mau los!›
>
> Yannick ruft: ‹Luaaan!›
>
> Dieser versucht Yannick weiterhin festzuhalten. Valentina versucht die Matte wieder für sich zu erobern und sagt nochmals: ‹Mann, Yannick!› Dann ertönt das Windspiel. Yannick lässt die Matte los und läuft mit Luan und Markus zurück in den Kreis. Beim Vorbeigehen bedroht er Valentina mit einer Faust. Jonathan kommentiert: ‹Das isch nume wäge euch, dir schiis, dir kack Meitschi! Danach läuft er lachend davon.›» (Beobachtungsprotokoll 1B 16. Februar 2022, Pos. 927–946)

Die Mädchen der 1. Klasse wehren und verteidigen sich gegen die Überlegenheitsansprüche der Jungen, insbesondere gegen die ungerechtfertigten Besitzansprüche von Yannick. Lisa versucht sogar die Ethnographin als Schlichtungsinstanz für den Geschlechterstreit zu gewinnen. Bemerkenswert hierbei ist, dass Valentina das *doing gender* ihrer männlichen Mitschüler*innen übernimmt und mit ihren wiederholten Ausrufen der Missbilligung (*Mann!*) bezüglich des Verhaltens von Yannick gleichermaßen sein Geschlecht adressiert. Der geschlechtsbezogene Konflikt zwischen den Lernenden wird durch das akustische Zeichen zum Pausenende wohl vorläufig entschärft, ist dessen ungeachtet alles andere als fertig ausgetragen und flammt in späteren Szenen des Schulalltags abermals auf.

Im gleichen Sinn scheinen die physischen Auseinandersetzungen zwischen Schüler*innen in Merikon kein Einzelfall zu sein, wie nachkommende Beispiele belegen.

> «Als ich nach der großen Pause im Treppenhaus in den 1. Stock gehe, höre ich schon von weitem, dass es vor dem Schulzimmer der 1. Klasse einen Streit gibt. Einen Augenblick später erkenne ich Dario und Max, die sich gegenseitig schubsen und schlagen. Jonathan steht in der Nähe und fragt laut: ‹Welä söui umbringe (ich nehme an, dass er über die beiden Streithähne spricht)?› Nach einigen Sekunden hält er Dario fest. Dieser beschwert sich und versucht sich dem festhaltenden Griff von Jonathan zu entwinden.» (Beobachtungsprotokoll 1C 9. März 2022, Pos. 1225–1231)

Jonathans Einmischung in die Auseinandersetzung zwischen Dario und Max lässt ein Kräfteungleichgewicht entstehen. Dario steht nun allein gegenüber Max und Jonathan, der den Konflikt mit seiner Gewaltandrohung und dem physischen Eingreifen verschärft.

In Losslingen konnten derartige physisch ausgetragenen Reibereien nicht beobachtet werden. Im Vergleich zum Schulkontext 1 kam es nur in seltenen Einzelfällen vor, dass sich Kinder über ungewollte körperliche Berührungen ihrer Mitschüler*innen beklagten. Konflikte wurden von den Kindern oft selbständig und konstruktiv gelöst.

> «Noor und ihre Pultnachbarin kneifen einander unter dem Tisch ins Bein. Frau Wirz ermahnt sie und fordert sie zur Weiterarbeit auf.» (Beobachtungsprotokoll 2B 4. Mai 2022, Pos. 509–511)

> «Kurze Zeit später sind sich Kevin, Amar, Mike und Irena nicht einig, welche Karte Mike in einer vorangehenden Runde gespielt hatte. Kevin behauptet, dass es die Zahl 6 war. Irena verneint dies vehement. Nach einigen ‹Nei› – ‹Doch› Wortwechseln einigen sich die Kinder auf eine Wiederholung.» (Beobachtungsprotokoll 2C 11. Mai 2022, Pos. 73–76)

Im Schulkontext 1 zeigen sich die Kinder insgesamt selektiver im Hinblick auf die Wahl der Spielpartner*innen und die Bestimmung, wer Teil eines Spiels sein darf und wer nicht.

> «Albion stößt zur Bauecke dazu und bemerkt zu den drei Jungs: ‹Mir si gueti Fründe, oder?› Die Antwort auf seine Frage entgeht mir leider im Lärm. Ich beobachte aber einen Augenblick später, wie Albion und Markus nun mit Luan und Jonathan zusammenspielen. Yannick fragt mehrmals: ‹Chani ou mitspiele?› Die anderen Kinder bejahen seine Frage und Yannick bestimmt sogleich, wer welche Rolle im Spiel einnimmt. Nachdem Dario sein Pult geputzt hat, kommt er ins Nebenzimmer und will ebenfalls bei der Burg spielen. Die Schüler, die bereits dort am Spielen sind, rufen alle: ‹Neeei!›» (Beobachtungsprotokoll 1C 9. März 2022, Pos. 724–731)

Die zitierte Sequenz macht deutlich, dass sich nur ausgewählte Peers am Spiel der Schülergruppe beteiligen dürfen. Es wird unmissverständlich kommuniziert, wer in die ‹Clique› aufgenommen wird und wer außen vorgelassen wird. Die Frage von Albion zum eigenen Status in den Freundschaftsverhältnissen der Jungengruppe kann daher als Abklärung seiner Mitspielberechtigung interpretiert werden. Yannick dagegen, der später zur Gruppe hinzustößt, fragt die Mitschüler direkt um eine Mitspielerlaubnis. Kurz nachdem ihm der Zutritt zum Spiel gewährt wurde, übernimmt er eine dominante Positionierung im Spiel und bestimmt den weiteren Spielverlauf.

Wie schnell ein als Freund markierter Akteur zu einem Nicht-Freund werden kann, deckt die nachstehende Szene auf, die sich eine Woche später ereignete. Albion degradiert Markus zu einem Nicht-Freund, da er den freundschaftsspezifischen Verhaltensnormen nicht entspricht.

> «Markus lacht und hält Albion fest, als dieser aufgerufen wird. Albion kann sich aus den Händen von Markus winden und holt sein Schreibheft ab. Beim Vorbeigehen an Markus bemerkt er: ‹Du bisch nüm mi Fründ.›» (Beobachtungsprotokoll 1D 30. März 2022, Pos. 1120–1122)

Auch im Schulkontext 2 können in den sozialen Interaktionen der Kinder Verhandlung des Status als Freund*in oder Nicht-Freund*in entdeckt werden.

> «Ich höre, wie Kilian Noor fragt: Noor, Noor bin ich dein Freund?» Noor antwortet: ‹Jaa, jaa. Warum fragst du?› Kilian gibt keine Antwort und bewegt sich in die Richtung des Kreises.» (Beobachtungsprotokoll 2C 11. Mai 2022, Pos. 407–409)

Grenzen sozialer Zugehörigkeiten werden zum einen via Freundschaftsverhältnissen definiert, zum anderen über Rollenaushandlungsprozesse im Spiel hergestellt.

So praktiziert Malea in der unten erläuterten Spielszene *doing generation* zur Legitimation ihrer Entscheidungs- und Befehlsmacht. Sofi unterstützt sie darin und hält fest, dass es Malea aufgrund ihrer Rolle als Mutter zustehe, den Spielverlauf zu bestimmen. Hamsa ist von dieser Rechtfertigung nicht überzeugt und vollzieht mit der Meinungsbegründung, dass der Status von älteren Kindern mit zusätzlichen Privilegien ausgestattet sei, eine Verschiebung von *doing generation* zu *doing age*. Die Thematisierung der Machtverhältnisse erfolgt nun nicht mehr situativ, sondern auf den familiären Kontext abstrahierend, was in einer Zurückweisung der von Hamsa dargelegten Entscheidungsbefugnisse resultiert. Hamsa reagiert darauf mit einer räumlichen Distanzierung von ihrer Konfliktpartnerin. Wenngleich dies von niemanden explizit ausgesprochen wird, hat sich Malea mit ihrer Argumentationslinie des *undoing age* resp. des *doing generation* im vorliegenden Kontext als Anführerin durchgesetzt.

> «Die Mädchen, die ein Familienrollenspiel durchführen, argumentieren nun wieder untereinander, wer welche Schwester spielen und wer den Fortgang des Spieles bestimmen darf. Das Mädchen, das auf der Wippe lag, kommt auch dazu. Hamsa will die zweitälteste Schwester spielen. Die kleinste Schwester (Lisa) meint: ‹Die älteste Schwester (Valentina) hat gesagt, ich soll rausgehen.› Lisa verlässt die Spielecke und läuft auf allen Vieren im Zimmer herum. Malea, welche die Mutter spielt, hält fest: ‹Mama hat nichts gesagt von raus gehen.› Sie holt Lisa daraufhin wieder zurück in ihr Haus.
>
> Valentina befiehlt Lisa nochmals, das Haus zu verlassen. Sofi reagiert auf die Forderung mit: ‹Neeein, das stimmt nicht. Sie hat es dir grad gesagt. Also darfst du das nicht.›
>
> Hamsa erwidert: ‹Malea, du, deine Schwester befiehlt dir ja auch, wenn du groß bist. Also.›
>
> Malea antwortet: ‹Mini Schwöschter befäut mir? HA! Ig ha ke, ich hab keine Zweitälteste, ich bin die Älteste.›
>
> Hamsa: ‹Eben, du darfst doch deine Schwester befehlen.›
>
> Malea: ‹Ich befehle nicht meine Schwester.›
>
> Malea argumentiert noch weiter, dass dann Lisa auch sie herumkommandieren dürfe. Hamsa verlässt die Spielecke mit den Worten: ‹Ich geh jetzt raus spazieren.›»
>
> (Beobachtungsprotokoll 1B 16. Februar 2022, Pos. 900–918)

Die Ausführungen zur sozialen Interaktion unter den Schüler*innen verdeutlichen, dass sie sich als ein wichtiges Erfahrungsfeld für die Konstruktion der Identität erweisen. In sozialen Prozessen, die weit über den formellen Rahmen des Unterrichts hinausgehen, werden Zugehörigkeiten, Rollen und Machtverhältnisse verhandelt. Hauptsächlich in Merikon sind solche Peeraushandlungen in den Pausen gang und gäbe. Die Kinder nehmen dabei Bezug auf institutionelle Setzungen (*doing peer*) oder*und gesellschaftliche Klassifikationen (*doing age, doing generation, doing gender*) und bringen so aktiv Differenzen hervor. An erster Stelle entscheidet in Merikon das Geschlecht über Zugehörigkeitsverhältnisse. Es wird von den Lernenden in Äußerungen immer wieder aufgenommen und manifestiert sich ebenfalls in der Spielpartner*innenwahl. Die geschlechtsbezogene Differenzkategorisierung wird lediglich episodenhaft von anderen Kategorisierungen in den Hintergrund gerückt.

4.2.4 Kommunikation von Schüler*innen

Der Vergleich des schulischen Geschehens in Merikon und Losslingen verweist auf zahlreiche Gemeinsamkeiten, zeigt aber auch bemerkenswerte Unterschiede hinsichtlich der Sprechweisen der Schüler*innen. Die Kommunikation der Lernenden zeichnet insgesamt ein facettenreiches Bild ab – sie erzählen, erklären, beschreiben, begründen oder wiederholen Beiträge der Mitschüler*innen oder ihre eigenen, überwiegend als Antwort auf eine Frage der Lehrperson. Im Schulkontext 2 zeigen die Kinder auf Lehrer*innenfragen oftmals eine non-verbale Reaktion, in Schulkontext 1 werden häufiger Kommentare zum Gesagten abgegeben. Die Schüler*innen in Merikon kommentieren nebst den Äußerungen der Lehrer*innen laufend auch die Arbeiten oder das Verhalten von sich selbst oder der Peers. Lachen, teils auch Auslachen, nimmt diesbezüglich viel Raum ein.

> «Ivo und Leo nicken, jedoch sagt keiner etwas.» (Beobachtungsprotokoll 2C 11. Mai 2022, Pos. 434–435)

> «Luan steht nun vorne am Lehrer*innenpult. Markus ist wieder an seinem Pult und kommentiert die Bildergeschichte von Luan mit: ‹Das isch lustig.›» (Beobachtungsprotokoll 1D 30. März 2022, Pos. 815–817)

Im Unterschied zum Schulkontext 1 melden sich die Kinder in Schulkontext 2 bei Wortmeldungen fast konsequent per Handzeichen und sprechen dabei auf Hochdeutsch.

> «In diesen ersten 10 Minuten des Morgenkreises bemerke ich, dass alle Schüler*innen der 1./2.a konstant und ohne Aufforderung der Lehrperson auf Schriftsprache sprechen.» (Beobachtungsprotokoll 2A 27. April 2022, Pos. 249–250)

Im Schulkontext 2 müssen die Lernenden mehrfach daran erinnert werden, sich vor dem Reden zu melden und Standardsprache zu sprechen. Zwischengespräche oder kommunikative Austausche während Pausen werden in Losslingen je nach Gesprächspartner*in auf Standardsprache oder Mundart abgehalten. In Merikon dagegen erweckt es den Anschein, dass Mundart als Dominanzkultur für die Kommunikation unter Peers gilt.

> «Einige Minuten später ist Albion der Verkäufer hinter dem Marktstand. Er erklärt allen Kund*innen, dass er nur Türkisch spreche. Enisa kommt zum Marktstand und begrüßt Albion auf Standardsprache. Albion unterbricht: ‹Hallo Enisa, chasch du nid Bärndütsch rede?› Enisa wechselt auf Mundart.» (Beobachtungsprotokoll 1D 30. März 2022, Pos. 1054–1058)

> «Frau Zaugg fährt fort: ‹Wisst ihr was, wir versuchen es gerade auf Hochdeutsch.› [...] Yannick meldet sich und nennt ebenfalls die grosse Pause als bestes Erlebnis des heutigen Morgens. Sofi erwähnt die kleine Pause und Valentina meint: ‹Alles, aber am besten mit Hamsa die Posten am Machen. Das mit Zeichnen.› Hamsa repetiert den Beitrag von Valentina. Im Anschluss gibt Emma-Lou auf Dialekt bekannt, dass ihr alles gefallen habe. Frau Zaugg korrigiert sie nicht und fragt auch nicht näher nach, was genau sie meint mit ‹alles›. Emilija erwähnt darauffolgend die Postenarbeit, auch sie spricht auf Dialekt.» (Beobachtungsprotokoll 1B 16. Februar 2022, Pos. 1772–1782)

Reflexionsphasen des Unterrichts, wie die oben zitierte, tauchen in Merikon wie auch in Losslingen auf. Die Schüler*innen werden in diesen Momenten dazu angehalten, kompetenzbezogen ihre eigenen Lernprozesse zu reflektieren und zu verbalisieren. In Bezug auf die Wortwahl gehen die Kommunikationsstile der beiden Schulkontexte drastisch auseinander. Während in Losslingen der Gebrauch von Schimpfwörtern absolut nicht toleriert wird, schimpfen und fluchen die Kinder in Merikon hin und wieder.

> «Einige Kinder sind noch mit dem Aufräumen ihrer Sachen beschäftigt, andere sitzen schon im Kreis und spielen ein Spiel oder reden miteinander. Ich höre, wie Jonathan ‹Arschloch› ruft und Yannick daraufhin den Mittelfinger zeigt.» (Beobachtungsprotokoll 1B 16. Februar 2022, Pos. 1201–1204)

> Kilian ist nun allein beim UNO-Spiel und ruft Sian mehrmals. Sian meint, dass Kilian ‹Arschloch› gerufen habe (ich habe das nicht gehört). Er teilt Kilian mit, dass er es Frau Wirz sagen werde, da man keine schlechten Wörter sagen dürfe. Kilian erwidert: ‹Ich habe dein Name gesagt.› Sian zeigt daraufhin keine Reaktion mehr.» (Beobachtungsprotokoll 2B 4. Mai 2022, Pos. 681–685)

In der Schüler*innenkommunikation kommt besonders in Losslingen das *doing pupil* zum Vorschein. Die Lernenden orientieren ihren Sprachgebrauch an den an sie gestellten schulischen Anforderungen, indem sie beispielsweise die Schule als schimpfwortfreie Zone deklarieren. Mit der durchgehenden Verwendung der Standardsprache in formellen Unterrichtssituationen und dem Verfolgen einer personenzentrierten Sprachlogik für die Gespräche mit den Mitschüler*innen praktizieren sie außerdem *doing legitimate language*. In Merikon schlagen sich die Kommunikationspraxen eher entlang der situativen Kontexte des Schulalltags nieder. In formellen Settings des Unterrichts sprechen die Lernenden, oft auf Hinweis der Lehrperson, Hochdeutsch. Auf der Hinterbühne des Unterrichts – in der Peerkultur – wird den schulischen Anforderungen eine leicht antischulische Kraft entgegengehalten. Es wird laut geschimpft und mehrheitlich auf Dialekt kommuniziert.

4.3 Machtgefüge

Aus der bisherigen Ergebnisdarstellung geht deutlich hervor, dass das Machtverhältnis zwischen den Lehrpersonen und Schüler*innen asymmetrisch ist. Die Lehrkräfte sind die, welche die Bedeutungen und Normen definieren, die ihrem beabsichtigten didaktischen Arrangement entsprechen. Inwiefern sich die Lehrer*innen im Unterrichtsgeschehen abermals als mächtigste schulische Akteur*innen positionieren und so das institutionell bedingte ungleiche Machtverhältnis zwischen Lehrperson und Schüler*innen unterstreichen, wird im vorliegenden Kapitel ausgeführt. Zudem wird die Reaktion der Lernenden auf das schiefe Machtgefüge besprochen.

4.3.1 Betonung der Machtposition von Lehrpersonen

In den beobachteten Schulklassen stecken die Lehrer*innenden Rahmen des Erlaubten ab. Auf Basis institutioneller Vorgaben legen sie Verhaltensregeln für ihren Unterricht fest und überwachen deren Einhaltung. Zum Beispiel ist es den Schüler*innen in beiden Schulkontexten untersagt, sich frei im Klassenzimmer zu bewegen, außer wenn die Lehrpersonen sie ausdrücklich dazu auffordern.

> «Frau Zaugg fährt fort: ‹Es het nämlech ids scho glüte. I go ids vo Pult zu Pult und säge, weles Ching das darf usegoh. Und wär no muess cho putze.›» (Beobachtungsprotokoll 1C 9. März 2022, Pos. 2007–2009)

«Die Lehrperson unterbricht ihre Ausführungen und sagt: ‹Loset ids. Düet dir ufs Bänkli hocke. I ha euch nüt gseit, dir söllet abe sitze.›» (Beobachtungsprotokoll 2B 4. Mai 2022, Pos. 348–350)

Abgesehen von der Modalität des sich Fortbewegens ist auch der Umgang mit vitalen Bedürfnissen klar geregelt. Die Lernenden haben sich für die Befriedigung dieser möglichst an vorgegebene Zeitfenster zu halten oder sich im Notfall dafür bei den pädagogischen Fachkräften eine Erlaubnis zu holen.

«Max fragt die Lehrerin, ob er auf Toilette dürfe. Frau Zaugg fragt zurück: ‹Kannst du warten? Muesch mega dringend?› Max scheint die Frage nicht verstanden zu haben, weshalb die Lehrperson sie wiederholt. Max antwortet schließlich, dass es noch gehe. Die Lehrperson weist ihn an: ‹De duesch nomau chli warte, isch guet?›» (Beobachtungsprotokoll 1A 9. Februar 2022, Pos. 355–359)

Die Zügelung des Verhaltens gilt nicht nur für die Beherrschung von körperlichen Bedürfnissen und des Bewegungsdrangs, sondern ebenso für sprachliche Ausdrucksweisen. Die Lehrkräfte erteilen das Rederecht und legen die Dauer der Redebeiträge der Kinder fest. Während den Schüler*innen das Kommentieren und Unterbrechen von Sprechakten untersagt ist, können sich die Lehrer*innen zu jedem beliebigen Zeitpunkt über diese Norm hinwegsetzen, was im Schulkontext 1 mehrfach geschieht.

«Yannick will noch weitererzählen, die Lehrerin unterbricht ihn jedoch und sagt, dass dies schon ausreiche.» (Beobachtungsprotokoll 1B 16. Februar 2022, Pos. 1076–1077)

«Die Lehrperson erinnert an die Flüsterstimme und erzählt gemeinsam mit Valentina die Geschichte (jedoch meines Erachtens in einer regulären Lautstärke).» (Beobachtungsprotokoll 1D 30. März 2022, Pos. 330–331)

Obgleich die gesetzten Regeln in Merikon mit den Lernenden gemeinsam besprochen und in Einzelfällen erklärend vermittelt werden, können die Schüler*innen beider Schulkontexte keinen Einfluss auf die Auswahl der verbindlichen Klassenregeln nehmen.

Auch die Überwachung der sozialen Normen steht nur Lehrpersonen zu, was Frau Langenegger im nachfolgenden Beispiel klarstellt.

«Dario schaut bei seinem Sitznachbar und bemerkt: ‹Nei, das isch fausch.› Frau Langenegger kommentiert: ‹Eh, Dario du bisch nid dr Lehrer.›» (Beobachtungsprotokoll 1B 16. Februar 2022, Pos. 495–497)

Darüber hinaus besitzen die Lehrpersonen die Macht, über die Inhalte, Aktivitäten und zeitliche Strukturierung des Unterrichts zu verfügen, was sie den Kindern in mehreren Unterrichtsszenarien unmissverständlich deutlich machen.

> «Frau Zaugg kommentiert: ‹Wenn es ganz leise ist, können wir vielleicht Musik dazu hören.› Viele Lernende rufen ‹Jaa›, Markus schlägt ein Lied vor. Die Lehrerin ermahnt: ‹Aber das entscheide ich.›» (Beobachtungsprotokoll 1C 9. März 2022, Pos. 1764–1766)

> «Aus einem Augenwinkel sehe ich, wie der Junge mit den Lupen verschiedene Legosteine betrachtet und mit ihnen spielt. ‹Er ruft dabei: ‹Oh, eine schöne Pool.› Frau Wirz fasst ihn an der Schulter an und meint: ‹Ou du. Jetzt legsch das ab. Es ist jetzt nicht die Zeit.›» (Beobachtungsprotokoll 2B 4. Mai 2022, Pos. 551–554)

Nicht zuletzt lässt sich die Macht der pädagogischen Fachkräfte in räumlichen Arrangements erkennen. Das Mobiliar wird von ihnen im Klassenraum für bestimmte Unterrichtszwecke verschieden aufgestellt. In Losslingen teilt die Lehrerin den Lernenden ihre Plätze an den Tischen und im Kreis individuell zu. Mittels ihrer eigenen Platzierung auf einem erhöhten Stuhl neben dem Sitzkreis markiert die Lehrkraft ihre Autorität symbolisch.

> «Die Lehrerin sitzt jeweils mit ihrem Bürostuhl neben dem Lehrerinnenpult auf der linken Seite des Kreises. Sie erzählt mir, dass die Kinder im Sitzkreis sowie an den Pulten feste Sitzplätze haben.» (Beobachtungsprotokoll 2A 27. Mai 2022, Pos. 122–124)

In Merikon wird die Sitzordnung von den Lehrer*innen an den Pultplätzen vorgegeben, im Kreis sind die Hocker (mit ein paar Ausnahmen) nicht persönlich gekennzeichnet.

> «Yannick fragt die Lehrperson einen Moment später, ob er neben Markus sitzen dürfe. Frau Zaugg erwidert: ‹Hmm. Gerade an deinem Platz.› Yannick reagiert mit ‹och, manno› und geht dann zu seinem eigenen Pult.» (Beobachtungsprotokoll 1A 9. Februar 2022, Pos. 691–694)

Abgesehen von der räumlichen Positionierung der Körper der Schüler*innen steht ebenfalls die Aufteilung der Kinder in Kleingruppen und Halbklassen in der Macht der Lehrperson.

> «‹Du bist bei der Gruppe Augenklappe (zeigt auf Max). Du darfst schon nach drüben gehen Max. Albion ist bei der Gruppe Augenklappe. Darfst auch schon nach drüben gehen. Uuund dann noch der Jonathan ist bei der Gruppe Augenklappe. Dann die

Valentina, die Luana, die Malea, die Emma-Lou und noch die Lisa.›» (Beobachtungsprotokoll 1A 9. Februar 2022, Pos.649–653)

Während im Schulkontext 1 die mit der Lehrer*innenrolle verbundene Machtposition von Seite der Lehrkräfte stets wieder angesprochen wird, lässt die Lehrerin im Schulkontext 2 (wie im Abschnitt 4.4.1 beschrieben) Möglichkeiten der Partizipation zu, so etwa räumt sie den Lernenden ein Mitspracherecht bei der Auswahl von Unterrichtsmaterial ein.

Interessant sind unter dem Gesichtspunkt von schulischen Machtstrukturen die beispielhaften Situationen aus den zwei Schulkontexten, die unten angeführt werden, in denen die Lehrkräfte aus ihrer Autoritätsposition einen Anspruch auf Besserwissen ableiten.

> «Frau Langenegger antwortet: ‹Du bist eine 1, weil die Emilija eine 2 ist. Ich weiss es.›» (Beobachtungsprotokoll 1C 9. März 2022, Pos. 203–204)

> «Bei der Datumsvorstellung wirft Mike ein, dass heute doch der 11.Mai und nicht der 10.Mai sei. Frau Wirz schüttelt ihren Kopf und sagt ‹m-m›. Natascha redet weiter, Saranya unterbricht sie und gibt bekannt: ‹Doch. Es isch dr 11.› Frau Wirz reagiert: ‹Isch dr 11.? Uup. Also, danke.›» (Beobachtungsprotokoll 2C 11. Mai 2022, Pos. 133–136)

Im obigen Unterrichtsgespräch des Schulkontexts 2 wird auf der einen Seite die Inszenierung der Machtposition der Lehrerin sichtbar, auf der anderen Seite kristallisieren sich hierarchisierte Positionierungen zwischen den pädagogischen Fachkräften heraus. Auf solche hierarchischen Machtbeziehungen wird im nächsten Teilkapitel näher eingegangen.

4.3.2 Machtgefüge zwischen Lehrpersonen

> «Frau Langenegger bemerkt: ‹Wenn ich sage, nicht schwatzen und ganz, ohne zu reden, Jonathan jetzt meini genau nume di, de müesstdr ou süsch nid lärme, hmm. Das bruchts bir Frou Amstutz nid und das bruchts bir Frou Langenegger nid.› Yannick bemerkt: ‹d Frou Amstutz het gseit luut› und macht dazu klopfende Geräusche. Laura ergänzt: ‹Und bir Frou Zaugg?› Frau Langenegger erwidert: ‹Bir Frou Zaugg isch das ou nid erwünscht.› Yannick fügt an ‹die seit luut›, worauf Jonathan weitere Geräusche von sich gibt.» (Beobachtungsprotokoll 1B 16. Februar 2022, Pos. 554–560)

Frau Langenegger stellt sich in der oben angeführten Unterrichtssituation in ihrer Rolle als Lehrerin für integrative Förderung (IF) als ebenbürtige schulische

Akteurin mit gleichwertigen, machtvollen Handlungsmöglichkeiten dar. Sie kennzeichnet die Machtkonstellation zwischen ihr und der Klassenlehrperson sowie der ‹Teilpensenlehrerin› nicht als hierarchisches Verhältnis, sondern als gleichrangiges Miteinander. Eine Woche später widerruft sie diese Auslegung jedoch schon wieder und kennzeichnet die Klassenlehrerin als mächtigste Akteurin im Klassenraum.

> «‹Das heisst, vo mir us dörft dir's gärn la stah. Aber euri Klasselehrerin isch ja hüt d Frou Zaugg. Müesst hurti si frage.›» (Beobachtungsprotokoll 1C 9. März 2022, Pos. 781–782)

Im Schulkontext 2 trägt Frau Wirz als Klassenlehrerin die alleinige Verantwortung für das Klassengeschehen. Durch ihre institutionelle Rolle steht sie in einer asymmetrischen Beziehung zur Klassenhilfe, einem Mädchen aus der 9. Klasse. Diese schiefe, rollenbezogene Machtlage kommt im Unterricht in Verhandlungen von Zuständigkeiten oder der Zuweisung von Aufträgen seitens der Lehrkraft zum Ausdruck.

> «Saranya fragt: ‹Söuis ids?› Frau Wirz antwortet: ‹Ja, du chaschs ja vorbereite, de chaschs de gad dene zeige, wo nid wüsse.›» (Beobachtungsprotokoll 2A 27. April 2022, Pos. 392–394)

> «Sie erläutert in Folge kurz Saranya, die weiterhin neben Kilian sitzt, welche Aufgaben Kilian noch bis zur Pause erledigen solle.» (Beobachtungsprotokoll 2C 11. Mai 2022, Pos. 300–302)

Im unterrichtlichen Geschehen in Merikon und Losslingen wird eine soziale Bühne von ungleich kompetenten Fachkräften konstruiert. Wie die Schüler*innen der zwei Schulkontexte jeweils auf die etablierte Machtkonstellation reagieren, wird im Folgenden erläutert.

4.3.3 Bezugnahme auf das schulische Machtgefüge durch die Schüler*innen

Die wiederkehrende Inszenierung und Akzentuierung der hierarchischen Machtverhältnisse des institutionellen Arrangements durch die Lehrpersonen wird im Schulkontext 1 nicht von allen Kindern einfach so hingenommen. In Interaktionen zwischen Lehrer*innen und Schüler*innen kommt es immer wieder vor, dass Positionen ausgelotet und die als selbstverständliche angenommene Überlegenheit von Erwachsenen gegenüber Kindern hinterfragt werden. So beurteilt etwa Markus die Anzahl der anwesenden Lehrpersonen als eine sehr einfach zu handhabende Angelegenheit.

> «Markus, der bisher im Logopädieunterricht war, wartet, bis Luan seine Finken wieder anhat, um mit ihm gemeinsam ins Klassenzimmer zurückzukehren. ‹Fr mi wird das es Chinderspiel, so viu Lehrerinne. I ha no nie so viu Lehrerinne erläbt.›» (Beobachtungsprotokoll 1A 9. Februar 2022, Pos. 606–608)

In einer anderen Szene wagen sich Yannick und Jonathan mit ihrer Namensverhunzung eine Übertretung der generationalen Machtordnung.

> «Nach einer Weile dreht sich die Lehrperson um und fragt in die Runde: ‹Wär hani no nid begrüesst? Jonathan, Sali Jonathan.›
>
> Jonathan antwortet ‹Gute Morge Frou Pflotschbärger.›
>
> Frau Langenegger: ‹Duuuuu, Duuu, Duuuuu!›
>
> Yannick: ‹Guete Morge Frou Butschberger.›» (Beobachtungsprotokoll 1B 16. Februar 2022, Pos. 42–47)

Derartige Vorkommnisse können im Schulkontext 2 nicht beobachtet werden. Gewiss bewerten die Lernenden die Aussagen und Verhaltensweisen der Lehrperson ebenfalls, widersprechen ihnen in Einzelfällen auch, jedoch kommt dies im Vergleich zum Schulkontext 1 in nicht so ausgeprägter Weise zum Vorschein.

> «Frau Wirz erwidert: ‹m-m›. Er kommt vom Kanton XY. Das ist ein Biber aus dem Tierpark.› Dario korrigiert die Lehrperson: ‹Nein. Ben.›» (Beobachtungsprotokoll 2C 11. Mai 2022, Pos. 563–565)
>
> «‹Versteht ihr, was ich meine, immer abwechslungsweise 1 und 2. Wir probieren mal.› Frau Zaugg zeigt auf Hamsa und sagt Eins. Yannick interveniert und gibt bekannt, dass die Lehrerin auf der anderen Seite des Kreises beginnen müsse. Frau Zaugg erwidert: ‹Nö, nö. Ich starte hier, das geht auch.›» (Beobachtungsprotokoll 1C 9. März 2022, Pos. 189–192)

Die Schulkinder in Merikon nehmen, vor allem in Aushandlungsprozessen von Regeln, Bezug auf die situative Ausgestaltung der Machtbeziehungen zwischen den Erwachsenen. Im untenstehenden Beispiel referiert Yannick auf die institutionelle Machtordnung der Lehrpersonen, um sich Privilegien für das Pausenspiel zu erschaffen.

> «Yannick wendet ein: ‹D Frou Amstutz het gseit, es isch ok.›
>
> Frau Zaugg: ‹I bi d Frou Zougg und…›
>
> Yannick: ‹D Frou Amstutz het gseit mir dörfe!›
>
> Frau Zaugg: ‹Joo und i bi d Frou Zougg und i säge, dass isch mir ds gfährlech. ›
>
> Yannick und Frau Zaugg argumentieren weiter darüber, was Frau Amstutz gesagt habe und was heute gelte. Yannick meint: ‹Nei, du bisch d Frou Amstutz.›» (Beobachtungsprotokoll 1B 16. Februar 2022, Pos. 891–896)

Trotz der erfassten zeitweiligen Verhandlung der Machtpositionen erkennt die Mehrheit der Lernenden die institutionelle Autorität der Lehrkräfte an und weist ihr dementsprechend die Definitionsmacht für normgerechtes Schüler*innenverhalten zu, wie es das nachkommende Beispiel demonstriert.

> «Als die Lehrperson nicht mehr im Zimmer ist, stellt sich Yannick vor ihren Hocker und imitiert sie. Er hebt einen mahnenden Finger und gibt bekannt: ‹D Frou Lehrerin het ds Säge. I bi dr Lehrer. Ids hockisch uf dis Muul.›» (Beobachtungsprotokoll 1A 9. Februar 2022, Pos. 1027–1030)

In der Analyse der erhobenen Daten kommt das in der generationalen Ordnung angelegte Machtverhältnis (*doing generation*) deutlich zum Vorschein. In der Institution Schule bedienen sich die Lehrer*innen dieser Machtstrukturen und stecken über das *doing teacher* den Interaktionsrahmen der schulischen Akteur*innen ab. Nur im Schulkontext 1 leisten die Schüler*innen hin und wieder Widerstand gegenüber der institutionell bedingten Machtasymmetrie. Solche Augenblicke, in denen die Lernenden versuchen, Einfluss auf den vorgegebenen Handlungsspielraum zu nehmen, kennzeichnen eine Formation von Peerkultur, die sich als Gegenpol zu den organisatorischen Machtstrukturen der Schule auffassen lässt.

4.4 Unterrichtsgestaltung

Zur Untersuchung von Strategien der Differenzherstellung im schulischen Kontext muss zwingend ein Augenmerk auf die Art und Weise der Unterrichtsgestaltung respektive auf die didaktischen Handlungsmuster der Lehrpersonen geworfen werden. Der Unterricht in den beiden beobachteten Schulklassen ist klar strukturiert und die von den Lehrpersonen inszenierten didaktischen Elemente verfolgen das Ziel, lernförderliche Lehr-Lernsituationen zu schaffen. Die

Leitlinien für den Unterricht orientieren sich an der Aufrechterhaltung von Disziplin und Ordnung, die alle Lehrerinnen als selbstverständliche Voraussetzung für erfolgreiches schulisches Lernen erachten.

4.4.1 Rhythmisierung des Unterrichts

Die Rhythmisierung des Unterrichts ist in Merikon und Losslingen an institutionelle Gegebenheiten, wie z. B. zeitliche Vorgaben, gebunden, die vom Lehrpersonal wiederholt thematisiert werden.

> «Frau Langenegger spricht weiter: ‹Die Zeit, die läuft und wir wollen ja die Pause nicht verpassen.›» (Beobachtungsprotokoll 1D 30. März 2022, Pos. 821–822)

> «Frau Zaugg zeigt keine Reaktion, sondern erläutert der Klasse: ‹Es längt nid, es längt eifach für e Afang.›» (Beobachtungsprotokoll 1D 30. März 2022, Pos. 1452–1453)

> «Einen Augenblick später weist die Lehrerin ihre Klasse darauf hin, dass sie noch 5 Minuten Zeit hätten, bis es Zeit zum Aufräumen sei.» (Beobachtungsprotokoll 2B 4. Mai 2022, Pos. 497–499)

Aufgrund der Pflicht zur Planung von Lernprozessen innerhalb einer vorgegebenen Zeitstruktur können den interaktiv entstehenden Lernmomenten im Unterricht nicht viel Raum gegeben werden und die Lehrerinnen sind darauf bedacht, den Schüler*innen viel echte Lernzeit zu ermöglichen. Dies kommt dadurch zum Ausdruck, dass Wartezeiten mit Aufträgen überbrückt werden und die Lehrpersonen bemüht sind, die Aufmerksamkeit der Kinder abermals auf den jeweiligen Unterrichtsinhalt zu lenken.

> «Ich beobachte, wie einzelne Lernende ein Geduldsspiel aus einer Kiste nehmen, die im weißen Regal hinter dem Kreis steht. Ein Kind schaut sich während der Wartezeit ein Buch an. »»(Beobachtungsprotokoll 1A 9. Februar 2022, Pos. 49–51)

> «Er will gerade beginnen eine Geschichte zu erzählen, die Lehrerin interveniert und erinnert alle daran, dass sie jetzt bei einem ganz anderen Thema seien. Sie fügt an: ‹Dario, merk es dir im Kopf. Du kannst es mir nachher sagen.›» (Beobachtungsprotokoll 1C 9. März 2022, Pos. 165–168)

> «Dann versucht die Klassenlehrerin das Gespräch wieder auf die Sinne zu lenken. Sie sagt: ‹Jetzt aber wechseln wir, Kevin, zum Thema Mensch und die Sinne.›» (Beobachtungsprotokoll 2A 27. April 2022, Pos. 447–449)

Die den Forderungen der Lehrpersonen zugrundeliegende Botschaft ist unmissverständlich: Lernen erfordert, dass man seine Bedürfnisse zurückstellt, die außerschulische Lebenswelt ausblendet und sich einzig auf das Schüler*innendasein konzentriert (*doing pupil*).

4.4.2 Der Sitzkreis

Im Schulalltag beider Primarschulklassen kommt dem Sitzkreis eine wichtige Funktion zu. Die Klasse versammelt sich im Verlauf eines Schultages mehrmals zu Inputs der Lehrperson oder zu gemeinschaftsbildenden Aktivitäten im Kreis.

> «‹Also, wer sich jetzt ganz parat fühlt, der darf mit seinem Kartenstapel hier in den Kreis kommen. Und dann können wir nämlich schnell weiter organisieren.›» (Beobachtungsprotokoll 1D 30. März 2022, Pos. 132–134)

> «Die Kinder scheinen zu wissen, dass sie sich nach dem Aufräumen im Sitzkreis zu versammeln haben. Nach einigen Minuten sitzt nämlich bereits die Hälfte der Erstklässler*innen im Kreis, ohne eine spezielle Aufforderung der Lehrkraft.» (Beobachtungsprotokoll 2C 11. Mai 2022, Pos. 738–741)

In Merikon sowie in Losslingen kann der tägliche Morgenkreis als eine ritualisierte Form des Unterrichts ausgemacht werden. Die kollektive Begrüßung aller anwesenden Kinder durch die Lehrerin markiert dabei den offiziellen Unterrichtsbeginn. Der Start in den Schultag unterscheidet sich in den beobachten Primarklassen hinsichtlich der Form der Begrüßung. Im Gegensatz zur gemeinschaftlichen Begrüßung der schulischen Akteur*innen in Losslingen werden in Merikon die Lehrerinnen einzeln von den Schüler*innen begrüßt.

> «Danach wird die Klasse von Frau Zaugg begrüßt. Die Klasse erwidert: ‹Guete Morge Frou Zougg. Guete Morge Frou Langenegger. Frau Langenegger sagt ebenfalls «Guete Morge» und lacht kurz.›» (Beobachtungsprotokoll 1B 16. Februar 2022, Pos. 64–66)

> «Nachdem sich alle Erstklässler*innen, Saranya und ich im Kreis eingefunden haben, begrüßt Frau Wirz die Klasse mit einem ‹Guten Morgen›. Die Kinder erwidern ein ‹Guten Morgen miteinander›». (Beobachtungsprotokoll 2C 11. Mai 2022, Pos. 114–116)

Auch der weitere Verlauf des Morgenrituals wird in beiden Schulklassen ähnlich arrangiert. Nach der Begrüßung folgt eine Kalendervorstellung (Schulkontext 1&2) und im Schulkontext 2 eine Vorstellung des Tagesablaufes, die jeweils von den Schüler*innen übernommen wird. Über dieses performative Wissen, das sich durch regelmässige mimetische Prozesse in den Körper der Lernenden einschreibt, also gleichsam als *embodiment of pupil* fungiert, wird der Sitzkreis als wichtiger Lernort inszeniert. Es ist nicht erlaubt, sich ohne Erlaubnis aus ihm zu entfernen.

4.4.3 Die Sitzordnung

Eine Verschiedenartigkeit zwischen den beiden Schulkontexten kann im performativen Umgang mit den Raumelementen (Tische, Stühle, Bänke und Hocker) konstatiert werden. Die Sitzordnung an den Pulten wird in beiden Schulkontexten von der Lehrperson vorgegeben und zeichnet sich durch verschiedene Eigenschaften aus. Einige Arbeitsplätze ermöglichen das Arbeiten in Gruppen, andere – zum Teil gegen die Wand ausgerichtete – sind für die ungestörte Einzelarbeit vorgesehen (siehe Abb. 4.1).

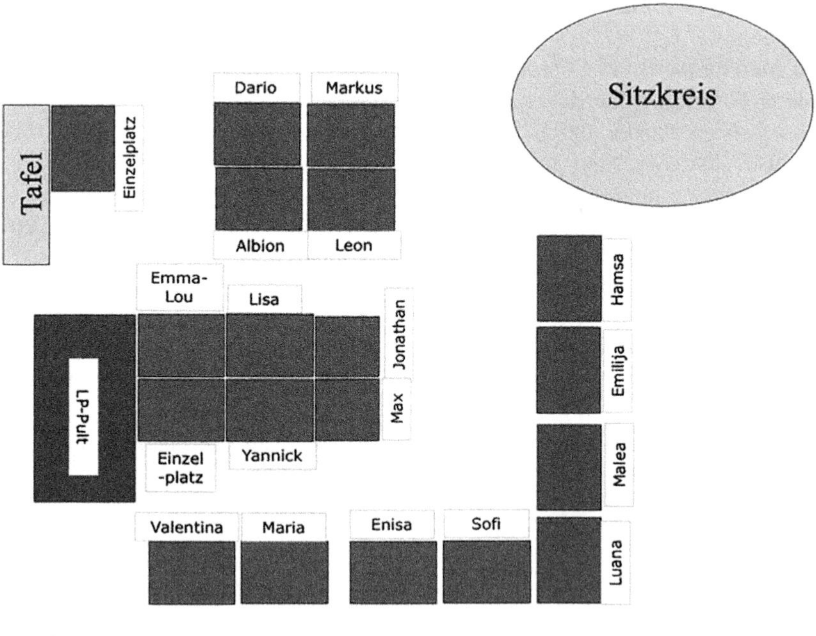

Abbildung 4.1 Pultordnung Merikon im März 2022 (Feldnotizen 1 C)

Im Hinblick auf die Ordnung der Sitzplätze zeichnet sich das Geschlecht der Lernenden in beiden Schulen als Ordnungskriterium ab.

> «Während ich das Geschehen beobachte, fällt mir auf, dass jeweils Mädchen neben Mädchen und Jungen neben Jungen an einem Pult sitzen (Warum wurde das so von den Lehrerinnen bestimmt?).» (Beobachtungsprotokoll 1B 16. Februar 2022, Pos. 1430–1432)

> «Ich stelle fest, dass an den festen Pultsitzplätzen jeweils Mädchen und Jungen sowie 1./2. Klässler*innen gemischt sitzen.» (Beobachtungsprotokoll 2A 27. April 2022, Pos. 66–67)

Im Gegensatz zu den Kindern in Losslingen dürfen die Schüler*innen in Merikon ihren Sitzplatz selbst bestimmen, was sich unter Peers wie auch zwischen den Lernenden und den Lehrkräften zu einem fortlaufenden Diskussionsthema entwickelt.

> «Ich stelle fest, dass die Erstklässler*innen ihren Sitzplatz eigenständig wählen dürfen, mit der Ausnahme von Jonathan und Max, die einen mit ihrem Namen versehenen Hocker haben.» (Beobachtungsprotokoll 1A 9. Februar 2022, Pos. 54–56)

> «Ich stelle fest, dass hauptsächlich Mädchen neben Mädchen und Jungen neben Jungen einen Platz ausgesucht haben.» (Beobachtungsprotokoll 1A 9. Februar 2022, Pos. 62–63)

> «Frau Wirz erzählt mir, dass die Kinder im Sitzkreis sowie an den Pulten feste Sitzplätze haben. Bei der Sitzordnung im Kreis fällt mir auf, dass stets eine Gruppe Mädchen neben einer Gruppe Jungen sitzt und sich dieses Muster im Kreis wiederholt.» (Beobachtungsprotokoll 2 A 27. April 2022, Pos. 123–126)

In Losslingen legt die pädagogische Fachkraft die Sitzordnung im Kreis (siehe Abb. 4.2) und an den Pulten unter Einsatz der Differenzkategorien Alter (*doing age*) und*oder Geschlecht (*doing gender*) fest. Für die Lehrperson ist dabei zentral, dass die Sitzordnung möglichst wenige Unterrichtsstörungen mit sich bringt. In Merikon werden die Pultplätze der Lernenden von den Lehrer*innen ebenfalls nach dem Geschlecht definiert (*doing gender*). Im Sitzkreis sind die Schüler*innen allerdings dazu angehalten, untereinander auszuhandeln, wer wo sitzt, was als *undoing teacher* gedeutet werden könnte. Im Einklang zur geschlechtshomogenen Anordnung der Pultplätze suchen die Kinder auch im Sitzkreis die Nähe zum gleichen Geschlecht (*doing gender*). Die Kontingenz resp. die Flüchtigkeit dieses *undoing difference* wird darin sichtbar, dass im Moment der «Ununterschiedenheit» (Hirschauer 2014, S. 184) gleichermaßen, über die Markierung des persönlich gekennzeichneten Hockers zweier Schüler, eine Differenz hervorgebracht wird. Dass Max und Jonathan als einzige einen zugewiesenen Sitzplatz im Kreis haben, zeigt wie *doing difference* immer auch *doing inequality* ist. Die Lehrpersonen des Schulkontexts 1 erklären mir, dass die beiden Jungen aufgrund ihres unangepassten Verhaltens im Kreis einen festen Sitzplatz haben. Sie werden dadurch als Abweichler markiert und die Sanktionierung ihres Fehlverhaltens exemplifiziert in der Klassenöffentlichkeit die strikte Norm: Wer sich nicht an die aufgestellten Regeln hält, muss mit einer Strafe rechnen. Die Lehrer*innen nutzen diese Differenzierungsstrategie, um eine soziale Ordnung im Klassenzimmer zu schaffen. Aufgrund der Dauerhaftigkeit der Bestrafung der beiden Schüler übt sie eine sozial segregierende Wirkung aus.

Abbildung 4.2
Sitzordnung im Kreis in Losslingen (Feldnotizen 2 A)

Während es für die Kinder wichtig ist, neben wem sie sitzen, stellen für die Lehrkräfte Disziplin und Ordnung die wichtigsten Kriterien für die Sitzordnung dar. Das Nebeneinander von Peer- und Schulkultur wird in den Beobachtungen der Sitzordnung deutlich.

4.4.4 Unterrichtsinhalte

Im Unterricht beider Schulklassen kann beobachtet werden, dass die Lehrkräfte bemüht sind, durch gemeinschaftliche Unterrichtseinstiege das Interesse der Lernenden für den Unterrichtsgegenstand zu wecken. Besonders in Losslingen knüpfen die Inputs der Lehrperson an den ausserschulischen Lebenswelterfahrungen der Schüler*innen an. Die Spiel- und Lernaufgaben enthalten hier vielfach differenzierende Elemente. Auch in Merikon sind die Lehrerinnen bestrebt, auf die unterschiedlichen Lern- und Entwicklungsstände der Lernenden einzugehen und Aufträge im Verlaufe des Unterrichts unmittelbar zu differenzieren.

> «Zu Emilija sagt sie: ‹Komm wir machen es ein bisschen einfacher. Denn so ist es soooo schwierig mit so vielen Karten. Uiuiuiui. Komm, ich gebe dir eine Auswahl.›» (Beobachtungsprotokoll 1A 9. Februar 20222, Pos. 1489–1491)

> «‹Die Luana hat übrigens ein mega schwieriges gemacht. Das wäre kuul für dich› (zu Dario gewandt).» (Beobachtungsprotokoll 1B 16. Februar 2022, Pos. 729–730)

> «Zu Irena bemerkt die Lehrkraft: ‹Ihr dürft auch sonst noch was im Buch... Du liest ja schon sehr gut. Du darfst dir auch einen anderen Text suchen, den du lesen möchtest und dann kannst du das jemandem vorlesen.›» (Beobachtungsprotokoll 2B 4. Mai 2022, Pos. 823–826)

In den obigen Unterrichtsausschnitten kann stellenweise eine mit der Differenzierung der Lerninhalte einhergehende Bewertung der Schüler*innenleistung festgemacht werden, auf die im Abschnitt 4.2.1 näher eingegangen wurde. Die Unterrichtsinhalte (Schulkontext 1&2) oder Ergebnisse aus Unterrichtsgesprächen (Schulkontext 2) werden von den Lehrerinnen oft an der Tafel oder Leinwand visualisiert und sollen den Kindern als Orientierungshilfe dienen.

> «‹Dort sind die verschiedenen Mathematikaufträge aufgelistet und man heftet sein Gemüse neben den Auftrag, den man gerade bearbeitet.›» (Beobachtungsprotokoll 1C 9. März 2022, Pos. 1527–1529)

> «An der Wandtafel sehe ich, dass für die 1. sowie die 2. Klasse die verschiedenen Arbeitsmaterialien zu den Zahlenmauern aufgelistet und nach Klasse unterteilt sind. Die Lehrkraft erklärt: ‹Ihr habt's dort an der Tafel. Ich mache euch das wieder auf dem Bänkli parat. Ihr könnt im dicken Zahlenbuch, im dünnen Zahlenbuch, am Arbeitsblatt. Und wer möchte, darf am Blitz 7, darf grad ein IPad nehmen. Am Blitz 7 arbeiten. Überlegt euch, was ihr machen möchtet und dann dürft ihr grad starten.›» (Beobachtungsprotokoll 2C 11. Mai 2022, Pos. 189–195)

Derweil die Erstklässler*innen in Merikon in der oben erwähnten Unterrichtssequenz von der Lehrperson dazu angehalten werden, die Mathematikaufträge nach einem bestimmten Ablauf sukzessive zu bearbeiten, gestaltet sich die Bearbeitung in Losslingen individueller. Die Lehrerin stellt ihrer Klasse verschiedene Aufträge bereit und fordert die Lernenden im Sinne des selbstgesteuerten Lernens dazu auf, selbständig eine Auswahl zu treffen. Allgemein wird individualisiertes Lernen und Schüler*innen-Partizipation in Losslingen großgeschrieben. Obschon auch die Lernenden in Merikon ab und an nach ihrer Meinung zum weiteren Unterrichtsverlauf oder zu ihren pädagogischen Bedürfnissen befragt werden, wird der Unterrichtsverlauf mehrheitlich von den Lehrpersonen gesteuert.

«Frau Zaugg fragt nach: ‹Wettschs nomau luege oder wetsch öpis angers mache?›» (Beobachtungsprotokoll 1D 30. März 2022, Pos. 1446–1447)

Eine Ausnahme stellte das Fach NMG (Natur-Mensch-Mitwelt) dar, insofern die Schüler*innen im Rahmen von Werkstattunterricht einen selbstbestimmten Einfluss auf die Wahl der Lernangebote und Lernpartner*innen nehmen konnten.

«Nun arbeiten alle Kinder an den Werkstattposten. Sie spielen Brett- oder Kartenspiele, lösen Puzzles oder Leseaufgaben im Klassenzimmer, Nebenraum oder im Flur. Nach dem Abschluss eines Postens wird von der Lehrperson ein Aufkleber auf die Schatzkarte des jeweiligen Kindes geklebt und der Posten auf der Übersichtstabelle abgekreuzt.» (Beobachtungsprotokoll 1B 16. Februar 2022, Pos. 1575–1579)

Vergleichsweise ist der NMG-Unterricht in Losslingen arrangiert. Partizipative Aspekte können jedoch zusätzlich in anderen Unterrichtsfächern, wie im oben erläuterten Auszug des Mathematikunterrichts, ausfindig gemacht werden. Im gleichen Sinne wird den Erst-/Zweitklässler*innen über die einzelnen Schulfächer hinaus Einflussnahme auf Lerninhalte und Mitspracherecht bei Entscheidungen gewährleistet.

«Wieder zur Klasse gewandt fährt sie fort: ‹Machen wir gerade wieder so eine Mappe. Sian gibt bekannt, dass er das schon gemacht habe. Die Lehrperson reagiert nicht auf seinen Kommentar, sondern erkundigt sich bei der Klasse: ‹Welche Farbe soll ich suchen? ›» (Beobachtungsprotokoll 2C 11. Mai 2022, Pos. 596–599)

«Derweil Amar, Irena, Melery und Natascha bereits im Kreis sitzen und warten, fragt die Lehrperson Sian, welche Aufgaben er als Hausaufgaben erledigen möchte. Der Junge darf zwischen einer Aufgabe mit Silbenklatschen von Bildkarten und einem Arbeitsblatt auswählen.» (Beobachtungsprotokoll 2C 11. Mai 2022, Pos. 883–886)

Ferner wird in der 1./2.a in gewissen Situationen ein Prinzip der geteilten Verantwortung für die Leistungsbeurteilung und die Übernahme von Routineaufgaben des Unterrichts verfolgt.

«Hiernach erkundigt sich die Klassenlehrerin, wer Natascha eine Rückmeldung geben möchte.» (Beobachtungsprotokoll 2C 11. Mai 2022, Pos. 148–149)

«Daraufhin fordert die Lehrperson Natascha auf, den Triangel zu schlagen. Die Schülerin holt das Musikinstrument, steht damit in den Kreis und lässt es zweimal erklingen. Nach einigen Sekunden wiederholt sie diesen Vorgang und legt den Triangel anschließend an seinen vorhergesehenen Platz zurück.» (Beobachtungsprotokoll 2C 11. Mai 2022, Pos. 108–112)

Dem Desiderat des Lehrplans 21 «durch differenzierende Unterrichtsangebote individuelle Lernwege zu ermöglichen und zielgerichtet zu begleiten» (Erziehungsdirektion des Kantons Bern, 2016, S. 9) werden die Lehrpersonen beider Schulkontexte gerecht. Die Anpassung der Aufgaben an den Lernstand der Schüler*innen bedingt jedoch Leistungszuschreibungen seitens der Lehrpersonen, die wiederum eine Differenz zwischen leistungsstarken und leistungsschwachen Lernenden markieren (*doing pupil*). Im Vergleich zum Schulkontext 2 werden im Schulkontext 1 die Individualisierung und Differenzierung der Lernangebote ausschließlich von den pädagogischen Fachkräften gesteuert. In Schulkontext 2 wird den Kindern mehr Verantwortung für ihren eigenen Bildungsprozess übergeben und sie werden dazu aufgefordert, ihr Lernen selbstbestimmt zu gestalten. Die Lehrerin legt mit der Akzentuierung von jahrgangsbezogenen Anforderungen (*doing age*) aber den Rahmen fest, in welchem die Kinder Einfluss auf ihren eigenen Lernprozess nehmen können. In Losslingen werden die Schüler*innen zudem vermehrt in die Gestaltung des Unterrichts miteinbezogen, was als *undoing generation* resp. *undoing teacher* gedeutet werden kann.

Diskussion der Ergebnisse 5

Die in den vorangegangenen Abschnitten vorgestellten Ergebnisse legen eindeutig dar, dass sich diverse Unterscheidungspraktiken im schulischen Alltag der untersuchten Primarklassen nachzeichnen lassen. Soziale Differenzen werden dabei nicht allein als ontologische Tatsachen von außen in die Institution Schule hereingetragen, sondern vielmehr erst durch aktives, institutionell gerahmtes Tun der schulischen Akteur*innen hervorgebracht, verhandelt und festgeschrieben (*doing difference*). Die Praktiken der Herstellung von Differenz zeigen sich nicht nur im Handeln und Sprechen der Lehrperson, sondern genauso in alltäglichen Interaktionen der Schüler*innen wie auch in räumlichen Arrangements oder symbolischen Repräsentationen (Walgenbach, 2017). Nebst der situativen Hervorbringung von Differenzkategorien auf der Ebene der schulischen Akteur*innen ist ebenfalls die Frage von Interesse, welchen Einfluss deren Einsatz auf die soziale Ordnung im schulischen Kontext hat.

Die Analyse der Beobachtungen des schulischen Alltags im Rahmen der vorliegenden Studie ergab, dass die identifizierten sozialen Differenzierungsstrategien meistens einen normativen Charakter aufweisen. Die schulischen Anforderungen, die an gesellschaftliche Erwartungen gegenüber der Schule gekoppelt sind, wirken hierbei als Leitlinie für die sozialen Praktiken der Lehrpersonen und Schüler*innen. Wie Bennewitz (2015, S. 39) formuliert, sind Lehrpersonen «als Träger[*innen] dieser Praktiken Teil einer alltäglichen, lokal situierten pädagogischen Praxis». Die Lehrer*innen akzentuieren über *doing teacher* wiederholt ihre machtvolle Positionierung im schulischen Geschehen und legitimieren damit ihre Befugnis über die Ausdifferenzierung von Verhaltens- und Leistungserwartungen. Außerdem wird über das *doing generation* die asymmetrische Machtdynamik, die zwischen Lehrkräften und Lernenden besteht, immer wieder unterstrichen. Mit

S. Mekacher, *Schule macht Schüler*innen*, Kindheit – Bildung – Erziehung. Philosophische Perspektiven, https://doi.org/10.1007/978-3-662-69599-9_5

der anhaltenden Normierung und Begutachtung des Verhaltens und der Leistungen der Kinder wird eine Differenz zwischen den angepassten und den weniger angepassten Lernenden konstruiert.

Die von den beobachteten Lehrpersonen hervorgerufene Unterscheidungskategorie *pupil* ist im Unterrichtsgeschehen der beiden Schulkontexte omnipräsent und zielt auf die Entwicklung eines Repertoires an institutionellem Wissen über Verhaltensweisen und Regeln, das die Kinder beim Aufbau ihrer Identität als Schüler*innen inkorporieren sollen. Das Ziel schulischer Sozialisation liegt demzufolge hauptsächlich in der Bewältigung der Aufgaben des Schüler*innenseins, d. h. in der Kenntnis und Befolgung der Regeln des Schulalltags, der Erreichung von gewissen Lernzielen, der Integration in die Klassengemeinschaft sowie der Anerkennung der Autorität der Lehrkräfte (Biffi & Jäger, 2011). Zur Normierung des Schüler*innenhandelns und -sprechens werden von den pädagogischen Fachkräften – abgesehen vom allgegenwärtigen *doing pupil* – weitere Differenzierungslinien herangezogen. Je nach Handlungskontext des alltäglichen Unterrichtsgeschehens kommen Strukturkategorien wie Geschlecht, Alter, Ethnizität oder soziale Klasse ins Spiel.

Dass es sich dabei um keine harmlosen Unterscheidungen handelt, sondern um sozial folgenreiche, identitätsrelevante Differenzierungen, haben bereits Bourdieu & Passeron 1971 bekräftigt. Ihren Analysen nach gehen die oben erwähnten Differenzkategorien wie Geschlecht oder Ethnizität in Industriestaaten oft mit sozialer Ungleichheit, Diskriminierung und Marginalisierung einher. Bildungseinrichtungen übernehmen diesbezüglich die Funktion, die soziale Herkunft oder das Geschlecht in Leistungsunterschiede umzuwandeln und somit die ungleiche soziale Platzierung in der Gesellschaft auf meritokratische Weise zu legitimieren.

Rabenstein und Kolleg*innen (2013) zeigten auf, dass Leistungen und Leistungsunterschiede den zentralen Aspekt der schulspezifischen pädagogischen Differenzordnung ausmachen. Die Feststellung von Leistungsheterogenität, d. h. die Unterscheidung der Lernenden anhand ihrer Leistungsbereitschaft, ihres Potenzials und ihrer Leistungserbringung, wird in der Schule als gerechtes Ordnungsprinzip herangezogen und dadurch Ungleichheit legitimiert. In diesen erschaffenen und normalisierten Leistungshierarchien spiegeln sich gesellschaftliche Machtstrukturen wider, in denen Bildung auch stets eine «sozial relevante formale Qualifikation» darstellt (Kronig, 2011, S. 202). In hierarchisch strukturierten Bildungssystemen wird Bildung bewusst eingeschränkt und durch unterschiedlich bewertete Bildungstitel zertifiziert. Der Erwerb von Bildung und Qualifikationen ist eine essenzielle Voraussetzung für den Zugang zum Arbeitsmarkt und zum Erwerb von Einkommen, welcher in modernen Gesellschaften die Verteilung von Lebenschancen determiniert. Nach Kronig (2011) treten die

Schüler*innen ab dem ersten Schultag unverzüglich in einen Wettkampf um die Verteilung von Gütern und den gesellschaftlichen Status. Somit stellen Leistungsunterschiede nicht nur eine pädagogische Voraussetzung dar, sondern sind soziologisch betrachtet gleichermaßen das angestrebte Ziel von Bildung (Kronig, 2011, S. 209).

Bildungserfolg steht dementsprechend nicht einzig mit den Kompetenzen und den Anstrengungen der Schüler*innen, sondern vordergründig mit strukturellen Mechanismen des Bildungswesens in Verbindung (Bourdieu & Passeron, 1971, S. 16). In diesen Ausführungen wird ersichtlich, dass der Prozess des *doing difference* in einem Zusammenhang mit strukturellen Faktoren sozialer Ungleichheit stehen kann. Dabei wirken, dem Ansatz der Intersektionalität von Crenshaw (1989) folgend, die verschiedenen Kategorien sozialer Einteilungen und Hierarchisierungen nicht isoliert voneinander oder in einem additiven Sinne, sondern simultan und miteinander verschränkt. So werden nach Hormel (2017, S. 25) in der pädagogischen Diagnostik kategoriale Unterscheidungen, die durch ein ontologisierendes, dichotomisches Denken geprägt sind (d. h. männlich oder weiblich, deutsch-sprachig oder nicht-deutschsprachig), mit schulisch zugeschriebenen Leistungsmerkmalen in Verbindung gebracht.

Bei den im Rahmen der vorliegenden Studie untersuchten Praktiken der Differenzbearbeitung handelt es sich um ein komplexes Geschehen auf unterschiedlichen Handlungsebenen des schulischen Alltags, in dem diverse, komplex zusammenwirkende Faktoren offen oder subtil in den Vordergrund gerückt werden. Dieses Vorgehen wird im vorliegenden Kapitel exemplarisch anhand der Illustration eines empirischen Beispiels konkretisiert. Der Fokus ist hier auf die Hervorbringung und das Zusammenspiel von unterschiedlichen identitätsrelevanten Konstruktionen gelegt, die eine nicht zu unterschätzende Relevanz für die Herstellung sozialer Ordnungen bzw. Ungleichheiten haben. Konkret werden Unterscheidungspraktiken hervorgehoben, in denen sich die prägende Differenzlinie *pupil* mit anderen Differenzkonstruktionen überlagert. Zusätzlich wird erörtert, wie die Peerkultur als weitere Differenzdimension in diese Konstruktionen hineinspielt. Indem Kinder auf die Adressierung als Schüler*in reagieren, wie auch auf die Benennung als Mädchen*Junge oder als 1./2.-Klässler*in, wird augenfällig, dass die interaktive Herstellung sozialer Realität nicht nur im Hinblick auf Differenzordnungen, sondern auch zur Hervorbringung und Festigung schulischer Ordnung erfolgt. Mit Honig (2004, S. 27) geht es um die «Hervorbringung von Maßstäben», die über die Untersuchung der Alltagspraxis der schulischen Akteur*innen in den Blick genommen werden kann. Alltagspraktiken sind demnach als auf Wissen basierende Handlungen zu verstehen, die in kollektiven Wissensstrukturen begründet sind. Das inkorporierte und situationsbezogene

Wissen der schulischen Akteur*innen ist in den Alltagspraktiken eingebettet, lässt sich von den Beteiligten jedoch oft nur schwer explizieren.

Nachfolgend werden aus dem Fundus des empirischen Materials einige Beispiele aus dem Schulalltag aufgeführt, bei denen der Schüler Max die Aufmerksamkeit seiner Lehrpersonen oder Mitschüler*innen auf sich zog. Um das Fremdbild des Kindes aus den Perspektiven der Lehrkräfte und Mitschüler*innen darzulegen, werden die beobachteten Sequenzen in einem ersten Schritt getrennt dargestellt. In einem zweiten Schritt erfolgt eine Zusammenfassung und Gegenüberstellung der beiden Perspektiven. Als Referenzrahmen für die Deutung der beobachteten Szenen und der *doing difference* Prozesse der schulischen Akteur*innen werden zuerst einige Angaben zum familiären Hintergrund des Jungen gemacht. Max (7) lebt gemeinsam mit seiner Familie in Merikon. Max spricht zu Hause Portugiesisch und Schweizerdeutsch; seine Mutter hat brasilianischen Migrationshintergrund. Bereits im Kindergarten wurde Max im Hinblick auf sein Sozialverhalten als ‹auffällig› konstruiert. Im Schulhaus ist er unter den Lehrpersonen als «schwieriger» Junge bekannt, wie die beobachtete Gesprächssituation im Lehrerzimmer offenbart.

> «Nebst einem kurzen Austausch zum bisherigen Schuljahr mit den Erwachsenen spricht Andrea mit Daniela über Max. Die beiden Lehrerinnen erwähnen, wie auffällig der Junge sei und dass er im Sozialverhalten große Schwierigkeiten habe.» (Beobachtungsprotokoll 1A 9. Februar 2022, Pos. 985–988)

5.1 Max als Schüler

Während der teilnehmenden Beobachtungen in der ersten Klasse fiel Max der Ethnographin bereits am ersten Tag auf. Er rückte durch verbale oder performative Auftritte außerhalb des offiziellen Unterrichtsprogramms abermals in den Mittelpunkt des Schulbetriebs. Sein Verhalten wie auch seine schulischen Leistungen wurden von den Lehrerinnen auf der Grundlage der Norm des schulkonformen Schülers bemessen (*doing pupil*).

Auffallend oft reagierten die Lehrkräfte auf das Verhalten von Max mit einer verbalen Ermahnung in Kombination mit einer physischen Intervention. Hiermit wurde Max aufgrund seines normabweichenden Verhaltens wieder und wieder als unangepassten Schüler markiert.

> «Gleichzeitig kann ich von meinem Standpunkt im Schulzimmer aus erkennen, dass Max im Gang herumrennt und kreischende Geräusche von sich gibt. Es dauert dann auch nicht lange, bis die Lehrperson in den Flur geht und Max am Arm packt und

ihn zum Posten, den Emilija weiterhin absolviert, führt. Sie kommentiert ihre Handlung mit: ‹Inecho. Du darfsch zur Emilija. Do häufe.›» (Beobachtungsprotokoll 1A 9. Februar 2022, Pos. 1539–1544)

«Max, der nun wieder an seinem Platz neben Emma-Lou sitzt, kritzelt einen Strich auf ein Papier von Emma-Lou. Diese beginnt zu weinen und die Lehrperson erkundigt sich, was los sei. Nachdem das Mädchen geschildert hat, was passiert ist, meint Frau Zaugg zu Max: ‹Ja, weisch was? Du sitzisch a dim Pult und du darfsch das nid mache. Du schaffsch ids do (zeigt ins Matheheft).›» (Beobachtungsprotokoll 1C 9. März 2022, Pos. 1681–1686)

Über ihre Verhaltensbeurteilungen verfolgen die Lehrkräfte das Ziel, Max an die geltenden Erwartungen zu erinnern und erfordern gleichzeitig eine entsprechende Anpassungsbereitschaft seinerseits. Ob für Max die – mit dem Modalverb ‹dürfen› formulierte – Anordnung klar als Anpassungserwartung aufgefasst wird, lässt sich nicht rekonstruieren. Im Verlauf der weiteren Schulwochen in Merikon konnte mehrmals beobachtet werden, wie die Lehrpersonen bei auftretenden Konflikten bzw. Regelverletzungen ihre Ermahnungen nicht an alle Beteiligten, sondern ausschließlich an Max richteten. Dadurch wurde dem Jungen wiederkehrend antischulisches Verhalten zugeschrieben und damit seine Stigmatisierung als unangepassten Schüler gefestigt.

«Gleichzeitig steht Sofi auf und wechselt ihren Sitzplatz, Max tut es ihr gleich und wechselt auf einen freien Hocker neben Sofi. Das Mädchen ruft aus. Frau Langenegger schaltet sich ein und erklärt: ‹Max, nume wüu d Sofi der Platz wächslet muesch du nid ou. Me wählt einisch us und blibt när dert. Das isch d Regle. Chum Max stah uf und ga widr zrügg a di Platz.› Max bleibt sitzen und scheint die Anordnungen der Lehrerin zu ignorieren. Erst nach ca. 30 Sekunden und weiteren Aufrufen der Lehrperson steht er auf und geht an seinen ersten Platz zurück. (Ich frage mich, weshalb Max seinen ersten Platz einnehmen musste, aber Sofi nicht.)» (Beobachtungsprotokoll 1D 30. März 2022, Pos. 244–252)

«Max und Markus sind auf dem Flur und kämpfen miteinander. Frau Langenegger schreitet ein und ruft: ‹Giele, Stopp! Max sicher nid kämpfe mit em Markus!› (Warum maßregelt sie nur Max und Markus nicht?)» (Beobachtungsprotokoll 1D 30. März 2022, Pos. 587–589)

Das Einschreiten von Frau Langenegger in der oben zitierten Unterrichtsszene erweist sich als Akt von *doing difference*, bei dem die Differenzkategorien *pupil* und *gender* gleichzeitig in den Vordergrund treten. Die Lehrerin bezieht sich mit ihrer Rüge auf die Ebene des korrekten Schüler*innenverhaltens, bringt aber im gleichen Atemzug die Geschlechterzugehörigkeit der kämpfenden Kinder mit ein. Sie stellt hiermit die sozialen Regeln, die den Schulalltag strukturieren, in eine enge Verbindung mit dem Geschlecht und konstruiert in ihrem performativen Aufruf zugleich ‹Wissen› über geschlechtlich codierte Verhaltensweisen. Miteinander rangeln, was nicht den Normen des Wohlverhaltens entspricht, wird als typisches, geschlechterspezifisches Verhalten von Jungen eingeordnet. Die Verantwortung für dieses Fehlverhalten wird nicht beiden Schülern, sondern allein Max zugeschoben, und ihm damit zum wiederholten Mal das Label des unangepassten Schülers angeheftet. Negative Zuwendung der Lehrperson gegenüber Max in Form von Ermahnungen oder Geschlechtsattribuierungen ließen sich auch in weiteren Unterrichtssituationen beobachten. In der nächsten Sequenz versucht sich Max seiner Etikettierung als Abweichler zu entziehen, indem er vor dem Hintergrund des Fehlverhaltens einer Mitschülerin seine Konformität mit den schulischen Regeln zur Schau stellt. Doch diese Bemühung wird von der Lehrkraft nicht gewürdigt, sondern kritisiert. Damit werden normative Vorstellungen darüber evoziert, wie sich jemand bei Regelverstößen von Gleichalterigen angemessen zu benehmen habe.

> «Nach wenigen Minuten steht Hamsa von ihrem Hocker auf und setzt sich auf einen freien Hocker. Max ruft laut: ‹Hamsa het Platz gwächslet!› Hamsa bestreitet dies. Max: ‹Doch, Hamsa het gseit, dass…› Hamsa: ‹Nein, ich kann noch da.› Frau Langenegger schaltet sich ins Gespräch ein: ‹Aber weisch Max. De chasch ja du dr Hamsa säge, ou erinner erinnerisch di dra, dass mr nid dörfe Platz tusche und När isch das guet.›» (Beobachtungsprotokoll 1C 9. März 2022, Pos. 803–808)

Infolgedessen, dass das Verhalten von Max in der Klassenöffentlichkeit permanent auf negative Weise kommentiert wird, ist es ihm kaum möglich, seiner Stigmatisierung als ‹Abtrünniger› entgegenzuwirken. Diese Typisierung von Max wird von den Lehrer*innen nicht allein über seine als unzureichend markierten Verhaltensweisen vorgenommen, sondern ebenso über Bewertungen seiner Leistungsfähigkeit.

> «Danach wendet sich die Lehrerin wieder Max zu, der gerade eine grüne Farbe in der Hand hält. Die Lehrerin hält kurz seine Hand fest und weist ihn an: ‹So. Hör mal zu. Stopp. Nein.› Max malt weiter und meint: ‹Mit grüen da.› Max malt einen großen R mit grün aus. Frau Zaugg erwidert: ‹Gut.› Zur gleichen Zeit streckt Hamsa bereits seit einigen Sekunden ihre Hand hoch. Sie fragt nun laut: ‹Was muessi da mache?› Die Lehrkraft bemerkt: ‹Ich komme Hamsa.› Hiernach widmet sich Frau Zaugg nochmals Max zu. Sie erläutert: ‹Hör mir noch schnell zu. Wenn du das ausgemalt hast, musst du alle großen R fertig da machen, isch guet?›» (Beobachtungsprotokoll 1A 9. Februar 2022, Pos. 333–340)

Die Unterbrechung des Arbeitsprozesses von Max, begleitet vom physischen Eingreifen der Lehrerin, macht deutlich, dass seine Schreibarbeit nicht den schulischen Leistungsanforderungen entspricht. In Konsequenz daraus wird ihm nochmals genau erklärt, wie er die Seite im Buchstabenheft zu bearbeiten habe. Als eine Mitschülerin einen Augenblick später versucht, die Aufmerksamkeit der Lehrerin zu erlangen, lässt sie sich nicht sofort in der Interaktion mit Max unterbrechen. Sie verweilt bei der Kommunikation mit dem Jungen und stellt zum zweiten Mal die Aktivierung und Festigung der Leistungsnorm hinsichtlich seines weiteren Arbeitsvorgehens sicher. Wie im Abschnitt 4.1. beschrieben, sind schulische Leistungsbeurteilungen von Normalitätskonstrukten der Lehrpersonen beeinflusst, die Teil von gesellschaftlichen Erwartungen an das Schulwesen sind. Im Rahmen der teilnehmenden Beobachtung der nächsten Schulwochen wurde ersichtlich, dass die Erfüllung schulleistungsbezogener Erwartungen Max häufig Mühe bereitete.

Laut Erving Goffman (1967) versuchen stigmatisierte Personen ihre Unzulänglichkeiten durch geeignete Verhaltensweisen zu verbergen oder ihre Identität durch Gewalttätigkeit, Fügsamkeit, Zynismus etc. zu schützen. Im Fall von Max könnte gefolgert werden, dass der Junge mit allen Mitteln versucht, öffentlichen Abwertungen seines Leistungsvermögens zu entgehen, was seine Handlung in der nachfolgenden Unterrichtssituation bekräftigt.

> «Mir fällt nach einer Weile Max auf, der immer wieder von seinem Pultplatz aufsteht und zu einem Pult weiter vorne im Schulzimmer geht. Frau Zaugg fällt dies auch auf und sie hält Max am Arm leicht fest. Sie fragt ihn: ‹Wettsch du öpis schriibe?› Max erwidert, dass Luan und sein Sitznachbar einander abschreiben und er dies auch tun möchte. Die Lehrerin führt Max zurück an sein Pult und bleibt dort eine Weile stehen.» (Beobachtungsprotokoll 1A 9. Februar 2022, Pos. 1131–1136)

Max versucht seine eigene Schulleistung zu steigern, indem er während des Unterrichts in regelmäßigen Abständen aufsteht und von den Arbeiten seiner Mitschüler*innen abschreibt. Seine Absichten bleiben der Lehrperson nicht verborgen, sie unterbindet das wahrgenommene Fehlverhalten und hält Max am Arm fest. Anstatt den Jungen aufgrund seines unerlaubten Herumlaufens im Klassenraum zu tadeln oder sein Leistungsvermögen zu kommentieren, trifft sie eine unterstützende Interventionsmaßnahme. Mittels dieser Praktik de-thematisiert die Lehrerin das ‹unangemessene› Schülerverhalten von Max für einen Augenblick und macht die in der zuvor zitierten Unterrichtssituation aktualisierten Leistungsdifferenzierung ungeschehen. Auf die Kontingenz dieser Außerkraftsetzung der Differenzmarkierung, was gemäß Hirschauer (2014) als *undoing difference* bezeichnet werden könnte, verweist die folgende Interaktion, die eine Woche später beobachtet wurde.

> «Zwischenzeitlich unterhalten sich Jonathan, Dario und Yannick über ein falschgeschriebenes Wort und wer dieses wohl aufgeschrieben habe. Dario meint, dass dieses Wort Malea aufgeschrieben habe. Yannick ist der Meinung, dass dieses Wort von Jonathan stamme, was dieser aber vehement verneint. Frau Langenegger löst das Rätsel auf, indem sie deklariert, dass Max dieses Wort aufgeschrieben habe.» (Beobachtungsprotokoll 1B 16. Februar 2022, Pos. 802–807)

Mit der Bekanntgabe des Autors des falschgeschriebenen Wortes vollzieht die Lehrkraft eine leistungsbezogene Differenzsetzung und schreibt Max im Zuge dessen eine unzureichende Leistung zu. Hirschauer (2014) betont, dass die Differenzierung nach Leistung mit der Entstehung von hierarchisierten Positionen und damit verbundenen Rangordnungen (besser vs. schlechter) einhergeht. Max wird angesichts seiner unzulänglichen Leistungserbringung und seiner nichtschulkonformen Verhaltensweisen, die in einem sich gegenseitig bedingenden Wechselverhältnis stehen, von den Lehrer*innen über doing pupil als unangepassten Schüler typisiert und klassifiziert. Dass diese Differenzzuschreibungen Auswirkungen auf seine Position innerhalb der sozialen Ordnung in der Schulklasse haben, kann in der Überlagerung von peer- und lernkulturellen Praktiken bezüglich des doing pupil nachgezeichnet werden.

5.2 Max als Mitschüler

> «Kurze Zeit später entdecke ich Max, der sich auf einen der Stühle in der gebauten Wohnung gesetzt hat. Lisa protestiert: ‹Neei, Max!› Max erklärt den Schülerinnen, dass er mitspielen wolle. Frau Zaugg, die gerade in der Nähe steht, fordert Max auf, die gebaute Wohnung zu verlassen. Sie diskutiert mit den Mädchen danach darüber, warum Max nicht mitspielen dürfe. Lisa erläutert: ‹Aber mir wei ohni ihn spiele. Er duet blöd und nimmt Sache weg.›
>
> Frau Zaugg: ‹Das heter aber ids nid gmacht.›
>
> Malea und Sofi: ‹Dooch. Gestr heter das die ganz Zyt gmacht.›
>
> Frau Zaugg denkt kurz nach und fragt dann: ‹Was chöimr de ids mache?›
>
> Die Mädchen überlegen eine Weile und geben dann bekannt, dass Max mitmachen dürfe. Lisa stellt aber ganz klare Bedingungen auf: ‹Aber, wenn er blöd duet, denn...›
>
> Frau Zaugg: ‹Das weiss dr Max säuber. Isch guet?›

> Max strahlt übers ganze Gesicht und steht vor Freude auf den Stuhl. Anschließend diskutieren die Mädchen und Max die Rollenverteilung. Lisa erklärt ihm, dass er mitspielen dürfe, aber kein Tier sein könne. Max gibt bekannt ‹i ga's ga säge› und meldet dies umgehend Frau Langenegger, die sich nun der Spielsituation annimmt. Sie fragt die Mädchen: ‹Längts nid für no es Tierli meh?› Die Mädchen verneinen die Frage und erläutern der Lehrperson, dass sie noch ein paar Besitzer bräuchten. Frau Langenegger meint: ‹U Max, we de du e Bsitzer vomne Tierli bisch?› Max bleibt auf dem Stuhl und geht mit den Knien in die Hocke. Wenig später sehe ich, wie Max trotzdem in die Rolle eines Hundes schlüpft. Lisa und Malea erklären ihm ganz genau die Regeln, an die er sich zu halten habe. Hamsa und Sofi stehen ein wenig abseits der gebauten Wohnung und tuscheln miteinander. Max rennt zu den beiden Kindern hin und will auch mithören, was sie besprechen.» (Beobachtungsprotokoll 1C 9. März 2022, Pos. 747–771)

Beobachten lässt sich, wie Max aufgrund seines Verhaltens in anderen Schulalltagssituationen von seinen Mitschüler*innen als unangepasster Spielpartner essentialisiert und deshalb vom Spielgeschehen ausgeschlossen wird. Sein, im Unterrichtskontext erworbenes, Label des unangepassten Schülers wird somit in die soziale Praxis der Peerkultur übertragen. Über das *doing pupil while doing peer* wird Max seiner Individualität enthoben und als störenden Schüler charakterisiert, der sich der Norm des Wohlverhaltens widersetzt. In die Konfliktsituation greift zuerst Frau Zaugg ein, indem sie Max explizit zum Verlassen der Spielecke auffordert. Die Situation erweckt zuerst den Eindruck, dass die Lehrkraft die, auf Peerebene initiierte, Verweigerung der Mitspielerlaubnis bestärkt. Diese Vermutung entkräftet sich aber sogleich dadurch, dass sie die Aufforderung formuliert, ihr die Beweggründe des Spielausschlusses von Max zu erläutern. Die Zuschreibung von typischen Verhaltensweisen, die von den Mädchen als ‹blöd tun› bezeichnet werden, werden als Begründung für die Ablehnung als Mitspieler von der Lehrerin nicht akzeptiert. Mit ihrer Bemerkung, dass das an Max beanstandete Verhalten nicht verallgemeinerbar sei, beurteilt sie die Differenzkonstruktion der Schülerinnen als unrechtmäßig. Die darauffolgenden Bemühungen der Lehrerin um eine inklusive Lösung des Streits stehen in einem Zusammenhang mit ihren pädagogischen Zielsetzungen und können als *undoing difference* aufgefasst werden. Diese Neutralisierungsbewegung lässt sich als eine vorübergehende Aufhebung der Differenzierungen und der damit einhergehenden Hierarchisierungen verstehen. Die Flüchtigkeit dieses Moments der «Ununterschiedenheit» (Hirschauer, 2014, S. 184) zeigt sich im weiteren Spielverlauf. Die Schüler*innen willigen zwar in den – mit Nachdruck geforderten – Spieleinschluss von Max ein, ihr Widerwillen äußert sich jedoch in der anschließenden Einschränkung der Mitspielmöglichkeiten. Es kann nur vermutet werden, dass sie sich auf die Forderung der Lehrperson nur eingelassen haben, um sich selbst auf dem sicheren Terrain des richtigen Verhaltens zu positionieren. Max' Hilflosigkeit kommt in seiner Reaktion auf die Spielausgrenzungen der Mitschüler*innen zum Ausdruck. Mit «i ga's ga säge», «ich gehe es sagen», deklariert er einerseits das Verhalten seiner Peers als normwidrig und andererseits sein Unvermögen, den Streit selbständig, ohne Unterstützung der Lehrperson, zu lösen. Frau Langenegger widmet sich nun der Unstimmigkeit zwischen Max und seinen Mitschülerinnen und versucht eine Lösung für die Rollenverteilung zu finden. Im Zuge der Streitschlichtung steht sie für Max ein und macht sich für seine Mitspielberechtigung stark. Trotz der inkludierenden Bestrebungen der Lehrerin wird Max nicht als vollwertigen Spielpartner anerkannt und weiterhin ausgrenzt, wie das Tuscheln von Hamsa und Sofi unterstreicht.

Die Diskriminierung des Jungen wird durch das *doing pupil while doing peer* noch verstärkt, denn Max ist nun sowohl der verhaltensauffällige, leistungsschwache Schüler als auch der ‹unbeliebte› Mitschüler. Der Vorgang des *doing difference* der Peers gegenüber Max konnte im Verlauf der Feldbesuche mehrmals beobachtet werden.

Im Folgenden wird eine weitere Pausensequenz der 1. Klasse aufgegriffen, in der sich peerkulturelle Aushandlungen mit der interaktiven Konstruktion von Geschlecht überlagern.

> «Max kommt ins Nebenzimmer und ruft laut: ‹Rrrrrrrrrrrr.› Er hält sodann eine Seite der Wippe fest und schaukelt sie hin und her. Lisa ruft: ‹Hör uf.›
>
> Max fragt: ‹Darfi mau druf?›
>
> Malea und Lisa antworten im Chor: ‹Neeei.›
>
> Lisa fügt an: ‹Das isch es Froueschiff.›
>
> Malea meint: ‹Ja, es dörfe sowiso nume 4 druf.›
>
> Max versucht weiterhin auf die Wippe zu stehen und bemerkt: ‹De mach i es Buebeschiff, imfau.›
>
> Malea: ‹Hör uf.›
>
> Sofi: ‹Ok, de mach eis.›
>
> Lisa: ‹Aber de gang nüm zu üs.›
>
> Max rennt aus dem Nebenzimmer und sagt: ‹I ga's go säge.›
>
> Valentina streckt die Zunge raus und ruft: ‹Ahh!›
>
> Malea ruft hinterher: ‹Und hie si Finke nid erloubt.›

> Frau Langenegger kommt eine kurze Zeit später mit Max zurück ins Nebenzimmer und meint zur Wippe mit den Mädchen drauf: ‹Es Meitlischiff.› Max versucht in diesem Moment auf die Wippe zu stehen.
>
> Malea ruft: ‹Hör uf!›
>
> Frau Langenegger: ‹I has nid gseh. Psscht. Lug genau über das redemr äbe, dass me das nid gärn het, Max, hä. Si heis nid gärn und ig has nid mitübercho, öb u was passiert isch oder nid aber eifach er hets nid gärn. I gloube dir hättets ou nid gärn, oder. Geit das?›
>
> Max: ‹De machi es Buebeschiff.›
>
> Frau Langenegger: ‹Aso, de bini ja gottefroh, wenn du das so gsehsch.›» (Beobachtungsprotokoll 1A 9. Februar 20222, Pos. 498–522)

Max widerfährt in der zitieren Pausensituation gleich eine zweifache Ausgrenzung. Er wird von seinen Peers zuerst als Mitspieler unbegründet abgewiesen, dann wird von Lisa seine Geschlechterzugehörigkeit als Vorwand für die Ablehnung vorgebracht. Diese geschlechtsbezogene Schaffung von Distanz resp. Differenz widerspiegelt die im Abschnitt 4.2.1 beleuchteten, alltäglichen geschlechtsspezifischen Grenzziehungen der Lehrer*innen im Unterricht. Die negativen Verhaltensweisen einzelner Jungen werden im Unterrichtskontext oft als Geschlechterdifferenzen kategorisiert und somit allen männlichen Lernenden eine unangemessene Repräsentation des Schüler*innenseins unterstellt. So erstaunt es auch nicht, dass die von den Schülerinnen vollzogene, habitualisierte geschlechtsspezifische Differenzmarkierung von der Lehrerin nicht gebrochen wird. Sie argumentiert in ihrer Rolle als Streitschlichterin ausschließlich auf der Ebene des erwünschten Verhaltens, welches Malea ihrem Mitschüler in einem erläuterten Zusatz ankreidet und als Grund für die Ausgrenzung anführt. Max, der sich eine Konfliktlösung von der Lehrperson erhoffte, ist dadurch den divergenten Praktiken der Unterscheidung mehrfach ausgesetzt. Er erlebt eine Kategorisierung hinsichtlich seines Verhaltens über das *doing pupil* und gleichzeitig wird diese von den Dimensionen der Peerkultur (*doing peer*) und des Geschlechts (*doing gender*) überlappt. Im dargelegten *doing gender while doing peer* bzw. im *doing pupil while doing peer* dokumentiert sich, wie Differenzkategorien miteinander interagieren und hierdurch neue Formen der Diskriminierung entstehen können. Die Markierung von verschiedenen Differenzenlinien, die in den Pauseninteraktionen simultan hervorgebracht werden, resultiert in einer Mehrfachdiskriminierung von Max und bestimmen seinen sozialen Ort im Schulfeld. Hierbei darf, laut West & Fenstermaker (1995a), der Junge nicht als «passives Opfer» betrachtet werden, vielmehr soll auch seinen Umgangsweisen mit der Situation sowie seiner *agency*

Beachtung geschenkt werden: wie er die Diskriminierung und Unrechtbehandlung realisiert und sich dagegen wehrt.

Der weitere Fortgang der Interaktion im Rahmen der oben beschriebenen Pausensituation legt dar, dass es für Max, selbst mithilfe der Spielbegleitung der pädagogischen Fachperson, unmöglich ist, seinen Außenseiterstatus zu transformieren. Frau Langenegger engagiert sich über aktives Mitspielen und Tutoring für die Integration von Max im Spielgeschehen seiner Mitschülerinnen, verfestigt jedoch im Zuge dessen die Differenzierung nach Geschlecht. Über das anhaltende *doing gender* setzt sie Geschlecht als sozial relevantes Ordnungskriterium fest. Ihr anschließender Vorstoß, die entlang der Geschlechterdifferenzierung vollzogene Organisation des Pausenspiels aufzubrechen, misslingt. Max wird weiterhin als illegitimer Spielpartner angesehen, nicht einmal sein errichtetes Piratenschiff erhält die gewünschte Anerkennung der Mitschülerinnen.

> «Frau Langenegger meint dann zu Max: ‹Ah, das isch es. Werum? I gseh das. Ja, das isch es Meitlischiff. Ids wettsch du es Buebeschiff mache?›
>
> Max: ‹Jaa›
>
> Frau Langenegger: ‹Du aber weisch was? Du bisch ja e Bueb. De chöntsch ja du aus, aus einzige Pirat, aus Männeradmiral eh das so si (zeigt auf Matratze in der gegenüberliegenden Seite des Nebenzimmers). I gseh scho, wo dr Kapitän vom Pirateschiff aus Ma muess sitze. Chum doch mau Herr Pirat.›
>
> Max und Frau Langenegger gehen zur Matratze und setzen sich dort hin. Frau Langenegger formt ihre Hände zu einem Fernrohr und schaut damit in die Richtung der Mädchen auf der Wippe. Sie meint: ‹U wär weiss, vilech chasch mit em Färnrohr när mau luege, öb de d Frouepirate sichtisch und öb de mau zu ihne zum Bsuech darfsch, wede lieb fragsch.›
>
> Lisa zeigt auf die Matratze: ‹Isch das es Pirateschiff?›
>
> Frau Langenegger: ‹Dört isch ou es Pirateschiff, das isch doch es guets Pirateschiff.› Zu den Mädchen gewandt fragt sie dann: ‹Modis, darf vilech dr Pirat Max mau hüt ds Bsuech cho, cho Salü säge?›
>
> Lisa: ‹Mängisch›
>
> Malea: ‹Jaa›
>
> Frau Langenegger: ‹Also›
>
> Lisa: ‹Aber nid jede Tag und nid ganz immer.›
>
> Frau Langenegger: ‹Aber am Mittwuch öppe sicher und hüt isch gad Mittwuch.›
>
> Lisa: ‹Nei›

Frau Langenegger: ‹Mou, mou dr Max darf doch hurti ds Bsuech cho.›

Die vier Mädchen schaukeln mit der Wippe hin und her und geben schreiende Geräusche von sich. Lisa bemerkt: ‹Mir wird's ids de schlächt uf dem Schiff.›

Max: ‹Das isch ou es Schiff.›

Lisa: ‹Aues is es Schiff.›» (Beobachtungsprotokoll 1A 9. Februar 2022, Pos. 526–552)

In der Peerkultur wird Max vorrangig in Bezug auf seiner im Unterricht konstituierten Etikettierung des nicht angepassten Schülers wahrgenommen und demzufolge von Peeraktivitäten ausgeschlossen. Seine Akzeptanz in der Peergroup wird darüber hinaus von der im unterrichtlichen Geschehen etablierten und in der Peerkultur aufrechterhaltenden Geschlechterordnung erschwert. Wie Kampshoff (2013) ausführt, sind soziale und pädagogische Praktiken im schulischen Alltag miteinander verwoben, was für Max eine Relativierung der schulisch markierten Differenzen über die Peerkultur nicht ermöglicht. Im nachfolgenden Unterrichtsszenario wird evident, wie im Handeln und Sprechen der Schüler*innen das *doing pupil* und *doing difference* fließend ineinander übergehen.

«Im Anschluss meldet sich Max zur Vorstellung seiner Bildergeschichte. Ich kann hören, wie Markus kommentiert: ‹Das wird luschtig. Mir lachene aui us. Das wird so luschtig.› Jemand (ich kann nicht zuordnen, wer) meint: ‹Wart nume bis du dran bisch.s Markus erwidert: ‹I gah sowiso nid füre.›» (Beobachtungsprotokoll 1D 30. März 2022, Pos. 1350–1354)

Die angekündigte Verspottung von Max steht in einem impliziten Zusammenhang mit der Attribuierung von mangelhaftem Leistungsvermögen. Markus schreibt Max das Nichterfüllen schulleistungsbezogener Erwartungen zu, was er zum Anlass für die öffentliche Beschämung des Jungen nimmt. Der geplanten Ausgrenzung von Max wirkt ein Peer mit der Androhung einer «Retourkutsche» entgegen und vergewissert sich und die anderen, dass solche öffentlichen Bloßstellungen nicht toleriert werden. Trotz dieses Einstehens für Max kann die Differenzbearbeitung sein negativ konnotiertes Schülersein nicht langfristig abmildern. Die Mitschüler*innen von Max antizipieren aufgrund seines Verhaltens in formellen Unterrichtssettings Vorstellungen über die Art und Weise, wie er sich im Rahmen der Peerkultur verhalten wird. Solche Bewertungen von Schüler*innenverhaltensweisen durch Gleichaltrige dienen als Orientierungshilfe im vielschichtigen Interaktionsgeschehen innerhalb der Schulklasse, reproduzieren aber gleichermaßen die soziale Ordnung dieser.

Diese Unterscheidungspraktiken finden im Rahmen der Unterrichtsgestaltung der Lehrkraft und der sich daran anschließenden Gelegenheiten der kooperativen bzw. konkurrierenden Teilhabe statt, die von den Lernenden aufgegriffen und bearbeitet werden. Das *doing pupil* erzeugt eine Hierarchisierung zwischen jenen, welche den Erwartungen des Schüler*innenseins entsprechen, und den Anderen, und wird als Ordnungskriterium in Peeraktivitäten übernommen, wie der folgende Beobachtungsprotokollauszug belegt.

> «Max, der nun auch hinten bei den Posten ist, fragt Malea, ob sie etwas mit ihm zusammen machen wolle. Malea schüttelt den Kopf und teilt Max mit, dass sie nicht mit ihm einen Posten machen wolle.» (Beobachtungsprotokoll 1A 9. Februar 2022, Pos. 1320–1323)

Die Varianz hinsichtlich des schuladäquaten Verhaltens und Leistens zwischen Max und seinen Mitschüler*innen wird von ihnen wiederkehrend in Devianz umgedeutet. Daraus gehen wiederholt soziale Ausschlussprozesse gegenüber dem Schüler hervor.

> «Max kommt ins Zimmer und setzt sich direkt neben Sofi hin, was dem Mädchen nicht gefällt. Sie steht auf und sucht sich einen neuen Sitzplatz neben Valentina aus. Aber auch da befinden sich noch freie Hocker nebendran. Max steht auf und setzt sich wieder neben Sofi. Dieses Spiel wiederholt sich noch einige Male. Mittlerweile mischen sich andere Kinder ins Geschehen ein. Valentina flüstert Sofi etwas ins Ohr und Yannick gibt Sofi einen Tipp, wo sie sich als nächstes hinsetzen solle. Nichtsdestotrotz schafft es Max immer wieder einen Sitzplatz neben Sofi zu ergattern. Sofi steht auf, was ihr Max gleichtut. Nun dreht sich die Schülerin zu Max um und schreit: ‹STOP! MAX! I wott nid!› Max scheint die Botschaft nicht verstanden zu haben oder ignoriert diese, denn als sich Sofi nun einen weiteren freien Hockerplatz aussucht, will sich Max wieder neben sie setzen. Dies gelingt ihm aber nicht, da ihn Valentina und Luan festhalten. Max wehrt sich mit Händen und Füssen, Luan schlägt zurück. In diesem Moment kommt die Lehrperson ins Klassenzimmer. Sie deeskaliert die Konfliktsituation, indem sie Luan und Max voneinander trennt und nach dem Grund des Streites fragt. Nach der Anhörung der Streitsituation ordnet die Lehrerin Max und Sofi eine Konfliktlösung mittels des Spiels Schere-Stein-Papier an. Sie sollen somit herausfinden, wer neben Luana sitzen darf. Max gewinnt und Sofi sucht sich einen anderen Sitzplatz. Während Max Freude ausdrückt, wirkt Sofi wütend und frustriert.» (Beobachtungsprotokoll 1D 30. März 2022, Pos. 944–963)

Sofi signalisiert mit ihrem mehrfachen Platzwechsel ihre Abneigung gegen die Idee, neben Max zu sitzen. Der Junge deutet die Situation wiederum anders, keineswegs als eindeutige Abweisung, da er stets versucht, den immer wieder anderen Platz neben Sofi einzunehmen. Damit ignoriert er den zwar nicht verbalisierten, aber expressiv verdeutlichten Wunsch des Mädchens, nicht nebeneinander sitzen zu wollen. Valentina und Luan bringen mit ihrer, auf der körperlichen Ebene angesiedelten, Einmischung in die Auseinandersetzung das Verhalten von Max als unangemessen hervor. Das vorgeschlagene Konfliktmanagement der Lehrerin sorgt für die Wiederherstellung von ‹Ordnung› im Klassenzimmer, beseitigt jedoch die Ablehnung gegenüber Max nicht nachhaltig. Langfristig gesehen schließt sich mit solchen Ereignissen der Teufelskreis: Die Stigmatisierung von Max als Abweichler legt eine Rolle fest, mit der sich der Schüler (bewusst oder unbewusst) identifiziert und sein Verhalten dementsprechend ausrichtet. Dadurch wird seine Identität des unerwünschten Mitschülers, der die Normen des Schüler*innenseins nicht erfüllt, abermals verstärkt. Diese identitätsbezogene Zuschreibung wiederum ist für die Peers eine Legitimation für seinen Ausschluss aus dem Klassenverband. Wie sich Max sozusagen selbst, im Zuge seines Rollenhandelns, ins Aus katapultiert, veranschaulichen die folgenden Beobachtungen.

> «Frau Zaugg ist mit dem Postenblatt von Enisa beschäftigt. Sie erkundigt sich, welchen Posten die Schülerin gemacht habe, und will ihr gerade einen Aufkleber geben, da schreit Max laut: ‹Hör uf, höret uf!› Ich habe gesehen, wie Max den Finken von Albion weggenommen hat und Albion und Jonathan nun Max festhalten. Markus versucht zeitgleich Max den Finken von Albion zu entreißen. Er ruft: ‹Gib dr Finke zrügg.› Max wirft den Finken von Albion in die Kreismitte. Frau Zaugg blickt von ihrem Übersichtsblatt auf und meint: ‹Pscht.› Sie steht auf, nimmt Max am Arm und setzt ihn auf seinen Pultplatz. Sie weist ihn an: ‹Und ids hocksch du a di Platz.› Kaum lässt die Lehrperson Max los, rennt er aus dem Schulzimmer in den Gang und schreit: ‹Neeeeei!› Frau Zaugg ruft laut: ‹Stopp! A Platz. Und zwar sofort!› Sie nimmt den Schüler an der Hand und bringt ihn ins Schulzimmer zurück. Max erklärt, dass er auch solche Haifischfinken wie Albion wolle. Frau Zaugg erwidert: ‹De muesch es dim Mami säge.› Max erklärt weiter, dass er nicht wisse, wo seine Finken seien. Die Hausschuhe von Max liegen unter seinem Pult. Die Lehrerin meint: ‹Do si dini Finke.› Max will zu Albion gehen und ihn fragen, woher er seine Hausschuhe habe. Frau Zaugg hält ihn auf und fordert ihn auf: ‹Stopp. Ids leisch du zersch dini ah.› Markus flüstert zu Albion: ‹Sägs ihm nid.› Albion sagt zu Max, der wieder in der Nähe des Kreises steht: ‹I has äbe vergässe.›» (Beobachtungsprotokoll 1A 9. Februar 2022, Pos. 1645–1663)

Obschon oder gerade weil Max im schulischen Kontext anhaltend von Exklusionen bedroht ist, versucht er über verschiedene Handlungen in Kontakt mit seinen Mitschüler*innen zu treten und Anschluss zu ihnen zu finden. Das Wegnehmen des Finkens von Albion kann demgemäß als Versuch einer Kontaktaufnahme von Max verstanden werden. Mit seinem Verhalten kann der Schüler jedoch keinen

Erfolg verbuchen, sondern wird indessen von den Gleichaltrigen wie auch der Lehrperson zurechtgewiesen und somit wieder als Abweichler markiert. Zudem lässt sich im Kommentar von Markus des «sägs ihm nid», «sag es ihm nicht», eine Abwertung gegenüber Max konstatieren. Seine vollwertige Zugehörigkeit zur Schulklasse wird ihm damit aberkannt und ist zugleich Anlass dafür, dass Markus Albion zur Verschweigung der Herkunft seiner Finken auffordert. Albion befolgt die Anweisungen von Markus und markiert damit die sozialen Ordnungsvorstellungen: Max steht es anlässlich seines tiefen sozialen Status unter den Peers nicht zu, im Besitz der gleichen Hausschuhe wie Albion zu sein resp. nicht mal über deren Herkunftsort informiert zu werden. Max wird hiermit die Gruppenzugehörigkeit nicht nur verbal, sondern auch symbolisch verweigert und er wird zum wiederholten Male als Außenseiter etikettiert.

Max ist als Schüler, als Junge oder als Mitschüler einem mehrschichtigen Normierungsprozess unterworfen, wobei deutlich wurde, dass die Relevanz der Ordnungsmuster je nach Handlungskontext und beteiligten Akteur*innen variiert. Insgesamt sind die Praktiken der Differenzherstellung und -bearbeitung im Schulalltag in Merikon in erster Linie mit Blick auf die Erfüllung von Schüler*innennormen beobachtbar, die von Aushandlung der Peerbeziehungen überlagert werden. In Situationen, in denen die schulische Leistung nicht im Zentrum steht, überlappt sich das *doing pupil* mit anderen Differenzlinien (wie dem Geschlecht).

Marita Kampshoff (2013) identifiziert die Verwobenheit des *doing pupil* mit der sozialen Ordnung von Freundschaften als zentrale Schwierigkeit für Lernende und Lehrende. Die Dauerhaftigkeit der sich wiederholenden Prozesse des *doing difference* perpetuieren im vorliegenden Fallbeispiel die soziale Ausgrenzung von Max. An ihn wird – durch die wechselseitige Adressierung von Lehrpersonen und Mitschüler*innen – die anhaltende Zuschreibung des ‹unwissenden, unangepassten Jungen› gebunden; damit wird auch sein Platz in der hierarchischen Schulklassenordnung festgeschrieben. Im Gegensatz zu anderen Differenzkategorisierungen wie *‹race› oder class* kann die Verantwortung des *doing pupil* den einzelnen Akteur*innen zwar zugeschrieben werden, nicht jedoch ohne die Reflexion gesellschaftlicher Leistungs- und Verhaltenserwartungen, welche das Lehrer*innenhandeln rahmen und strukturieren. Das unangepasste Schülersein von Max wird von den Lehrpersonen und Mitschüler*innen als nicht erfüllte Normerwartung eingestuft und zur alles bestimmenden Eigenschaft des Jungen benannt. Durch diese Stigmatisierung als Abweichler werden dem Schüler fortlaufend negative Eigenschaften zugeschrieben, die ihm den Aufbau und die

Gestaltung von Beziehungen unter Peers verunmöglichen. Max widerfährt eine Mehrfachdiskriminierung, indem sich die soziale Ungleichheit beim schulischen Lernen in einer schulbedingten Ungleichheit im Rahmen von Peeraktivitäten repliziert.

Schlussfolgerungen 6

6.1 Fazit

Bezüglich der Frage nach der (Re-)Produktion von Differenzen im schulischen Alltag von Primarstufenklassen verweisen die hier vorgestellten empirischen Befunde auf ein breites Spektrum an Praktiken der Differenzherstellung und -bearbeitung. In der alltäglichen sozialen Praxis der Schule werden von den Lehrpersonen verschiedenste Differenzen bzw. Zugehörigkeiten hervorgebracht, umgewandelt verfestigt oder nivelliert. Wie die ethnographische Untersuchung von zwei Primarschulklassen gezeigt hat, orientieren sich die Differenzkonstruktionen hauptsächlich an der Erfüllung von schulischen Anforderungen.

Indem sie sich selbst als wichtigste Akteur*innen betrachten, beanspruchen die Lehrkräfte die alleinige Autorität über die Aufstellung und Kontrolle der geltenden Normen. Das dieser Beanspruchung des Normenmonopols innewohnende *doing generation* bringt die unausgewogene Machtdynamik, die zwischen Lehrer*innen- und Schüler*innenschaft besteht, markant zum Vorschein. Die Verhaltens- und Leistungserwartungen der Lehrpersonen sind dabei nicht einfach für sich zu betrachten, sondern stehen in enger Verbindung mit dem schulorganisatorischen Rahmen. Sie sind als Ausdruck der institutionellen Gegebenheiten, die als Teil der Gesellschaft an gesamtgesellschaftlichen Normen und Erwartungen angegliedert sind, zu verstehen. Diese orientieren sich mehrheitlich an Standards der Mittelschicht und bringen im Schulalltag durch ein implizites *doing class* klassenspezifische Ungleichheiten hervor. Das mit der Lehrer*innenrolle verbundene Spannungsfeld zwischen der Initiierung individualisierter Bildungs- und Lernprozesse und der Ausübung des ‹Selektionsauftrags› findet sich in den expliziten und impliziten Differenzherstellungen der Lehrpersonen wieder. Im Handeln und Sprechen der Lehrkräfte werden über *doing pupil* schulleistungs-

S. Mekacher, *Schule macht Schüler*innen*, Kindheit – Bildung – Erziehung. Philosophische Perspektiven, https://doi.org/10.1007/978-3-662-69599-9_6

und verhaltensbezogene Differenzen (re-)produziert und gefestigt. Bemerkenswert ist dabei, dass in Losslingen das *doing pupil* von den pädagogischen Fachkräften fortlaufend vollzogen wird, in Merikon die Leistungsdifferenz hingegen vorrangig in selektionsrelevanten Fächern in den Vordergrund gebracht wird. In den musisch-gestalterischen Fächern kann eher eine Nivellierung von Leistungsdisparitäten konstatiert werden (*undoing teacher*).

Zusammenfassend lässt sich sagen, dass das in der Schule verankerte, widersprüchliche Verhältnis der Bildungs- und Selektionsfunktion, welches von den Lehrer*innen in Erwartungen an das Schüler*innensein interpretiert wird, mit der Schaffung und Bearbeitung von Differenzen im Unterricht verknüpft ist. Helsper (2021, S. 168) beschreibt diese widerstreitende und wechselseitig unauflösbare Verstrickung als Antinomie, die jedes professionelle pädagogische Handeln kennzeichnet. Demzufolge kann beispielsweise die durch die Lehrkräfte immer wieder hervorgehobene Leistungsheterogenität als Spannung zwischen zwei Handlungslogiken interpretiert werden. Nämlich einerseits einer universalistischen und anderseits einer auf die jeweiligen Besonderheiten der Schüler*innen verweisende Haltung der Lehrperson. Die pädagogischen Fachkräfte sind zum einen dazu angehalten, alle Lernenden gleich zu behandeln, sollen ihnen aber gleichzeitig differenzierte Förder-und Unterstützungsmöglichkeiten anbieten, um Bildungsprozesse zu ermöglichen, die auf ihre Fähig- und Fertigkeiten abgestimmt sind. Es handelt sich dabei um ein pädagogisches Grunddilemma, welches nicht aufhebbar ist, von Lehrer*innen jedoch im Sinne des Umgangs mit Antinomien professionell bearbeitet werden muss.

Nebst dem allgegenwertigen *doing pupil* können im untersuchten Lehrer*innenhandeln weitere, sich teils überlappende Differenzdimensionen nachgezeichnet werden. Die Relevanz der jeweiligen Differenzkategorie ist kontextabhängig, weist aber ähnliche Interaktionsmechanismen auf. Im Zentrum stehen die Bestätigung und Aufrechterhaltung von sozialen Erwartungen. Auf der Grundlage von alters-, ethnizitäts- und geschlechterbezogenen Erwartungen wird von den Lehrpersonen Differenz (re-)produziert. Eine Analyse der Ergebnisse über die beiden schulischen Kontexte hinweg verdeutlicht, dass sich die (Re-)Produktion von Differenzen wesentlich in zwei miteinander verbundenen Mustern vollzieht. Ein erstes zeigt sich darin, dass die (re-)konstruierten Differenzen, unabhängig davon, ob sie schulspezifischer Natur sind oder nicht, von den Lehrpersonen über die eigentliche Differenz hinaus verallgemeinert werden, indem sie auf die gesamte Person (wie dies Max widerfährt) übertragen werden. Dies zeigt sich besonders deutlich in den unterrichtsbezogenen Adressierungspraktiken der Lehrpersonen, die je nachdem variieren, ob bspw. ein*e leistungsstarke*r oder -schwache*r Schüler*in oder ein Junge oder ein Mädchen angesprochen wird.

Mit Bezug auf Garfinkel (1967) kann diese Art der Verallgemeinerung von Unterschiedszuschreibungen als «Essentialisierung» bezeichnet werden, bei der Schüler*innen auf eine oder mehrere sich überlappende Differenzdimension*en reduziert werden. Diese wird (implizit) als Grundlage für pädagogische Handlungen und Adressierungspraxen herangezogen und steht im Zusammenhang mit dem zweiten Muster der Differenzherstellung, den praktischen Handlungserfahrungen resp. den milieuspezifischen Kenntnissen der Lehrpersonen. Dieses habituelle Erfahrungswissen haben sie in verschiedenen gesellschaftlichen Kontexten selbst entwickelt und aufgebaut, können es aber nicht unbedingt explizit darlegen (Bohnsack, 2010, S. 198). Darin eingeschlossen ist auch ihr professionelles, unterrichtsbezogenes Wissen, das eng mit ihrer Rolle als Lehrperson im organisatorischen Rahmen der Schule verknüpft ist. Neben den sozialen, milieuspezifischen Erfahrungen außerhalb der schulischen Organisation entfaltet sich ihre unterrichtliche Handlungspraxis in der Auseinandersetzung mit den Normen und Erwartungen der Schule an ihre Rolle. Diese Auseinandersetzung erfolgt kontinuierlich und in klar erkennbarer sowie verdeckter Weise, zum Beispiel im Austausch mit Kolleg*innen oder in der Lektüre von Fachliteratur, sowie in der unterrichtlichen Handlungspraxis selbst (Bohnsack, 2017).

Nicht nur in den Handlungen und Äußerungen der pädagogischen Fachkräfte werden Differenzen konstruiert, sondern auch in den täglichen Interaktionen der Schüler*innen. Die Lernenden identifizieren sich mit der ihnen entgegengebrachten Norm des ‹angemessenen› Schüler*innenseins und nehmen über das *doing pupil while doing peer* identitätsrelevante Differenzkonstruktionen vor. Auch andere im Unterricht hervorgebrachte Differenzlinien werden in die soziale Praxis der Peerkultur übernommen und fungieren als Gradmesser für Anerkennung und Beliebtheit. Am Datenmaterial wurde rekonstruiert, wie sich in den Aushandlungen der Peerbeziehungen diverse Zuschreibungs- und Abgrenzungsprozesse überlagern, sich gegenseitig verstärken oder einander ergänzen.

Da die Etablierung einer pädagogischen Ordnung des Unterrichts von Praktiken von Lehrenden wie Lernenden getragen wird, könnte das Handeln der schulischen Akteur*innen auch als *doing school* oder *doing institution* gelesen werden. Schüler*innen – sowie auch ihre Eltern – eignen sich das Gerechtigkeitsverständnis der meritokratischen Schule an, bringen im täglichen Handeln und Sprechen die institutionelle Differenzordnung hervor und legitimieren dadurch die Verteilung von Chancen zur gesellschaftlichen Teilhabe und die Befähigung zur Handlungskompetenz nach dem Leistungsprinzip. Es dürfte sich von zunehmendem Interesse erweisen, in zukünftigen Forschungsvorhaben den institutionellen Zusammenhang von einzelnen Praktiken systematisch in den Blick zu nehmen (Bennewitz, 2015, S. 42).

Jene Multidimensionalität von Differenzierungsmechanismen hat für einige Schulkinder zur Folge, dass sie den Unterscheidungspraktiken ihrer Mitschüler*innen mehrfach ausgesetzt sind. Mittels der Markierung von ineinander verwobenen Differenzlinien, wie etwa dem *doing pupil while doing gender*, werden stetig neue *Achsen der Ungleichheit* (Klinger & Knapp, 2005) aufgebaut, über welche die soziale Ordnung der Schulklasse in den Peergroup-Aktivitäten reproduziert wird. Laut den Ausführungen von Reckwitz (2003, S. 289) lässt sich eine soziale Struktur als ein regelmäßiges und wiederholbares System kollektiver Verhaltensweisen begreifen. Im Kontext von Schule und Unterricht bedeutet dies, dass sich soziale Handlungsweisen in dessen spezifischen lokalen Strukturen situativ manifestieren.

Das Zusammenwirken mehrerer Differenzlinien kann, für Lernende wie Max, in einer intersektionalen Diskriminierung resultieren, die sich nachteilig auf identitätsrelevante Positionierung im sozialen Gefüge der Schulklasse auswirken kann. In der Fallstudie von Max ist das simultane Erleben von Ungleichheit für die Verstärkung seines Fremdbildes des fehlbaren Schülers wesentlich, unabhängig davon, ob je nach Interaktionsrahmen bestimmte Kategorien in den Vordergrund gerückt werden oder plötzlich unwichtig erscheinen.

Die durchgeführte Untersuchung von Differenzkonstruktionen im Unterricht von Primarschulklassen veranschaulicht, dass soziale Kategorisierungen nicht einfach per se vorhanden sind; vielmehr werden sie durch Interaktionsprozesse geschaffen, verändert und nivelliert. Ausgehend von der Erkenntnis, dass die Herstellung und Bearbeitung von Differenzen im schulischen Kontext langfristige Folgen auf die soziale Ordnungsbildung im System Schulklasse ausüben, kann gefolgert werden, dass durch *doing difference* vielfältige Formen von Über- und Unterordnung erzeugt werden. Diese schulalltäglichen Interaktionsprozesse auf der Mikroebene stehen in Beziehung zu makrosoziologischen Strukturen, in denen die Schule als gesellschaftliche Institution eingebunden ist. Aufgrund der im Rahmen dieser Arbeit erfolgten Fokussierung auf die situative Herstellung von Differenz lässt sich nur begrenzt auf Ungleichheitsverhältnisse auf der Makroebene schließen. Die Bedeutung und Folgen der identifizierten Aufschichtung von Ungleichheits- und Diskriminierungserfahrungen für die Schullaufbahn einiger Lernenden können nicht direkt erschlossen, jedoch erahnt werden. Der zeitlich begrenzte Aufenthalt im Feld gibt nur einen kleinen Einblick in den Schulalltag der untersuchten Primarstufenklassen und reduziert demzufolge die gelebte (Schul-)Wirklichkeit. Um zu rekonstruieren, wie sich pädagogische und peerbezogene Unterscheidungspraktiken in Bildungsbiographien aufschichten und manifestieren, d. h. welche Bedeutung die Verkettungen und Akkumulationen von Differenzkonstruktionen und -zuschreibungen für die (Re-)Produktion von Ungleichheit haben, müssten zusätzliche Längsschnittverfahren durchgeführt werden. Ferner könnte man im Sinne der Methodentriangulation über Leitfadeninterviews mit Lehrpersonen und Schüler*innen tiefere Einsichten in die Herstellung und Bearbeitung von Differenz und somit auch über deren Stigmatisierungseffekte gewinnen. Trotz der Einschränkung der vorliegenden Studie zeigen die Befunde eindeutig, dass es wertvoll ist, den Schulalltag in Bezug auf Differenzvorstellungen ethnographisch zu betrachten, um die selbstverständlichen Bestandteile des unterrichtlichen Handelns weiteren Reflexionen zugänglich zu machen. Es geht darum, «eingeschliffenen Bahnen der Wahrnehmung und Erklärung allzu vertrauter pädagogischer Situationen zu verlassen und schulische Alltagssituationen jenseits von didaktischen, pädagogisch-normativen oder professionstheoretischen Zuschreibungen untersuchen zu können, verstehen zu wollen und das ‹Wie› der pädagogischen Praxis zu erklären» (Bennewitz, 2015, S. 40). Der Umgang mit Gleichheit und Differenz, d. h. die Berücksichtigung der Verschiedenheit der Lernenden und deren bestmögliche Förderung und Entwicklung, stellt demnach eine besondere und nie abgeschlossene Herausforderung dar, welche im Zuge von Schul- und Unterrichtsentwicklung thematisiert werden muss. Entlang der obenstehenden Ausführungen kann gefolgert werden, dass potenzielle Veränderungen im Unterricht, die darauf abzielen, Benachteiligungen und Ungleichheiten abzubauen, nicht ausschließlich in der Verantwortung der Lehrpersonen liegen. Eine selbstreflexive Auseinandersetzung mit der eigenen Berufspraxis kann jedoch einen Ausgangspunkt für Veränderungen darstellen. Dennoch ist es wichtig, in diesen Reflexionen auch die gesellschaftlichen und schulischen Rahmenbedingungen zu berücksichtigen, welche die Erfahrungsräume, in denen sich die rekonstruierten Handlungspraxen der schulischen Akteur*innen entfalten, maßgeblich prägen. Letztendlich liegt es in der Verantwortung der schulischen Akteur*innen, die Herausforderung zu bewältigen, dass soziale Unterschiede zwar förderungsrelevant sein sollen, gleichzeitig jedoch keine Relevanz für Selektion haben sollten (Hormel, 2017, S. 25).

Trotz oder gerade wegen der in dieser Studie rekonstruierten Gemeinsamkeiten der Differenzherstellung ist zu fragen, inwiefern die Erkenntnisse – im Sinne einer Reifizierung von Differenz – den Forschungsinteressen der Studie selbst geschuldet ist. Die hier durchgeführte, ethnographische Forschungspraxis ist nämlich nicht nur zeitlichen Relevanzen unterworfen, sondern auch der Konstruktivität, Repräsentativität und Selektivität. Repräsentationskritische Überlegungen sowie eine differenzierte Beleuchtung der Position der Ethnographin werden im abschließenden Abschnitt angebracht.

6.2 Reflexion der Positionierung der Ethnographin im Untersuchungsfeld

Die erkenntnistheoretische Problematik der Repräsentation des Anderen im Zuge von ethnographischer Forschung ist ein zentraler Bestandteil des kulturanthropologischen und ethnomethodologischen Diskurses. So wird laut Berg und Fuchs (1993) in ethnographischen Studien durch die Thematisierung eines Falles gleichermaßen eine Konstitution des Bildes der Anderen, also ein *othering* vorgenommen. Dies gilt auch für die vorliegende Studie zur Differenzherstellung und -bearbeitung auf der Primarstufe, denn auch hier werden Bilder von Lehrpersonen und Schüler*innen (re-)produziert, und auch hier werden Informationen *über* sie dem fachwissenschaftlichen Diskurs und der interessierten Öffentlichkeit zur Verfügung gestellt. Um zu ethnomethodologischen Einsichten und einem tieferen Verständnis der Interaktionsgestaltung sozialer Differenzierungspraktiken zu gelangen, lässt sich dieses *othering* kaum vermeiden; muss jedoch bei der methodologischen Reflexion berücksichtigt werden.

Entsprechend des sozialkonstruktivistischen Ansatzes werden die erforschten Alltagswirklichkeiten nicht nur von den untersuchten Akteur*innen hergestellt, sondern ebenso durch die Forschenden ko-konstruiert. Die dargestellten Ergebnisse können demzufolge nicht als ein 1:1-Abbild der Alltagsrealitäten der beiden Schulkontexte aufgefasst werden. Die während des Forschungsprozesses aufgebauten sozialwissenschaftlichen Wirklichkeitskonstruktionen, die Analysen der Daten sowie die aus dem Datenmaterial generierte Theorie, stehen in einem engen Zusammenhang mit dem theoretischen Wissen der Ethnographin, aber auch mit ihren praktischen Erfahrungen als Lehrperson auf Primarstufe. Auch, wenn es gänzlich kaum möglich sei, jegliches (Vor-)Wissen im Verlaufe der Forschung auszublenden, ermöglichen die ausgewiesenen Involviertheiten der Forscherin, ein reflexiveres Verhältnis zum Forschungsprozess selbst einzugehen. Letztlich geht es darum, das eigene theoretische und*oder erfahrungsbasierte Wissen in seiner Positioniertheit und somit Relativität zu betrachten und seine potentielle Wirkmächtigkeit bei den Deutungen zu berücksichtigen, anstatt es zu verdrängen zu suchen.

In Bezug auf die Repräsentation der beobachteten schulischen Akteur*innen im Rahmen dieser Arbeit kamen zudem forschungsethische Fragen auf. Werden die beobachteten pädagogischen Fachkräfte und Schüler*innen im dargestellten Handeln und Sprechen bloßgestellt? Sollte deswegen die eine oder andere Sequenz von der Analyse ausgeklammert werden – und was würde eine solche Ausklammerung bedeuten? Ein möglicher Einsatz, um mit solchen Fragen umzugehen, findet sich in der Publikation von Werner Schiffauer (2002, S. 19) bezüglich der Darstellung von ethnographischem Material, und hat auch für die vorliegende Studie Geltung:

> «Bei der Lektüre der präsentierten Szenen aus dem Schulalltag muss man im Gedächtnis behalten, dass sie immer aus dem Zusammenhang gerissen sind: Eine verbale Sequenz, ob sie nun auf Gedächtnisprotokollen oder Tonbandmitschnitten basiert, kann durch diese Reduktion etwas Bloßstellendes haben, einmal deshalb, weil alle anderen Kommunikationsebenen wegfallen und damit Relativierungen durch Tonfall, Gestik etc. nicht mitkommuniziert werden; dann aber auch deshalb, weil der weitere Kontext dessen, was sich vorher und nachher abgespielt hat, wegen der Notwendigkeit zur Pointierung abgetrennt ist. Wir sind uns des Moments der Macht sehr bewusst, das mit diesem Vorgehen verbunden ist und haben versucht, so sensibel wie möglich damit umzugehen. Dennoch kann nicht ausgeschlossen werden, dass Einzelne sich missverstanden oder verletzt fühlen.»

In diesem Sinne bleibt auch die reflexive Auseinandersetzung mit der Frage der Vulnerabilität von Forschungssubjekten im Rahmen der Durchführung der Forschung und der Präsentation ihrer Ergebnisse ein grundlegendes, wissenschaftliches und ethisches Anliegen, nicht nur im Rahmen ethnographischer Forschung.

Literaturverzeichnis

Akbaba, Y. (2014). (Un-)Doing Ethnicity im Unterricht – Wie Schüler/innen Differenzen markieren und dekonstruieren. In: A. Tervooren, N. Engel, M. Göhlich, I. Miethe & S. Reh (Hrsg.), *Ethnographie und Differenz in pädagogischen Feldern. Internationale Entwicklungen erziehungswissenschaftlicher Forschung*. Bielefeld: transcript. S. 275–289.

Amann, K., & Hirschauer, S. (1997). Die Befremdung der eigenen Kultur. Ein Programm. In K. Amann & S. Hirschauer (Hrsg.), *Die Befremdung der eigenen Kultur. Zur ethnographischen Herausforderung soziologischer Empirie*. Frankfurt a. M.: Suhrkamp. S. 7–52.

Bennewitz, H. (2015). «Doing School». Akteure, Unterricht und Organisation in praxistheoretischer Perspektive. In K. Bräu & C. Schlickum (Hrsg.), *Soziale Konstruktionen im Kontext von Schule und Unterricht. Zu den Kategorien Leistung, Migration, Geschlecht, Behinderung, Soziale Herkunft und deren Interdependenzen*. Opladen; Berlin u. a.: Barbara Budrich. S. 35–48.

Berg, E. & Fuchs, M. (1993). Phänomenologie der Differenz. Reflexionsstufen ethnographischer Repräsentation. In: E. Berg & M. Fuchs (Hrsg.), *Kultur, soziale Praxis, Text. Die Krise der ethnographischen Repräsentation*. Frankfurt a. M.: Suhrkamp. S. 11–108.

Berger, P. L. & Luckmann, T. (1969). *Die gesellschaftliche Konstruktion der Wirklichkeit. Eine Theorie der Wissenssoziologie*. Mit einer Einleitung zur deutschen Ausgabe von Helmuth Plessner. Übersetzt von Monika Plessner. Frankfurt a. M.: Fischer.

Biffi, C., Jäger, M. & Halfhide, T. (2006). *Grundstufe als Zusammenführung zweier Kulturen – Teil 1. Eine Ethnographie des Kindergartens. Schlussbericht*. Zürich: Pädagogische Hochschule.

Biffi, C. & Jäger, M. (2011). *Alltagskultur in der ersten Primarschulklasse. Schlussbericht*. Pädagogische Hochschule Zürich.

Bohnsack, R. (2010). *Rekonstruktive Sozialforschung. Einführung in qualitative Methoden* (8. durchgesehene Aufl.). Opladen & Farmington Hills, MI: Barbara Budrich.

Bohnsack, R. (2017). Konjunktiver Erfahrungsraum, Regel und Organisation. In: W. Vogd & S. Amling (Hrsg.), *Dokumentarische Organisationsforschung*. Opladen u. a.: Barbara Budrich. S. 233–259.

Bourdieu, P. & Passeron, J.-C. (1971). *Die Illusion der Chancengleichheit. Untersuchungen zur Soziologie des Bildungswesens am Beispiel Frankreichs*. Stuttgart: Klett.

S. Mekacher, *Schule macht Schüler*innen*, Kindheit – Bildung – Erziehung. Philosophische Perspektiven, https://doi.org/10.1007/978-3-662-69599-9

Bräu, K. (2015). Soziale Konstruktionen in Schule und Unterricht –eine Einführung. In: K. Bräu & C. Schlickum (Hrsg.), *Soziale Konstruktionen in Schule und Unterricht. Zu den Kategorien Leistung, Migration, Geschlecht, Behinderung, soziale Herkunft und deren Interdependenzen.* Opladen; Berlin u. a.: Barbara Budrich. S. 17–32.

Brake, A. & Büchner P. (2012). *Bildung und soziale Ungleichheit: Eine Einführung.* Stuttgart: Kohlhammer.

Breidenstein, G. & Kelle, H. (1998). *Geschlechteralltag in der Schulklasse. Ethnographische Studien zur Gleichaltrigenkultur.* Weinheim: Juventa.

Breidenstein, G., Hirschauer, S., Kalthoff, H., & Nieswand, B. (2013). *Die Praxis der Feldforschung* (1. Aufl.). Konstanz, München: UTB.

Breuer, F. (2010). *Reflexive Grounded Theory. Eine Einführung in die Forschungspraxis.* Wiesbaden: Springer VS.

Budde, J. (2013). Das Kategorienproblem: Intersektionalität und Heterogenität. In: E. Kleinau & B. Rendtorff (Hrsg.), *Differenz, Diversität und Heterogenität in erziehungswissenschaftlichen Diskurse.* Opladen: Barbara Budrich. S. 27–46.

Casale, R. (2001). Die Verwandlung der Philosophie in eine historische Diagnostik der Differenzen. In: H. Lutz & N. Wenning (Hrsg.), *Unterschiedlich verschieden. Differenz in der Erziehungswissenschaft.* Wiesbaden: Springer VS. S. 25–46.

Cloos, P. & Thole, W. (2006): Pädagogische Forschung im Kontext von Ethnographie und Biographie. In: P. Cloos & W. Thole (Hrsg.), *Ethnographische Zugänge. Professions- und adressatInnenbezogene Forschung im Kontext von Pädagogik.* Wiesbaden: Springer VS. S. 9–16

Collins, P.H., Maldonado L.A., Takagi, D.Y, Thorne, B., Weber, L. & Winant, H. (1995). SYMPOSIUM On West and Fenstermaker's ‹Doing Difference›. *Gender and Society 9*(4), S. 491–506.

Crenshaw K. (1989). Demarginalizing the Intersection of Race and Sex: A Black Feminist Critique of Antidiscrimination Doctrine. *University of Chicago Legal Forum*, S.139–167.

Diehm, I., Kuhn, M. & Machold, C. (2017). *Differenz – Ungleichheit – Erziehungswissenschaft. Verhältnisbestimmungen im (Inter-)Disziplinären.* Wiesbaden: Springer VS.

Eder, F. (1996). *Schul- und Klassenklima.* Innsbruck: Studien-Verlag.

Erziehungsdirektion des Kantons Bern (2016). *Lehrplan für die Volksschule des Kantons Bern.* Gesamtausgabe. Biel: Gassmann.

Faulstich-Wieland, H., Weber, M. & Willems, K. (2004). *Doing Gender im heutigen Schulalltag. Empirische Studien zur sozialen Konstruktion von Geschlecht in schulischen Interaktionen.* Weinheim: Juventa

Fenstermaker, S. & West, C. (1995a). Doing difference. *Gender and Society 9*(1), S. 8–37.

Fenstermaker, S. & West, C. (1995b). Reply (Re) ‹Doing Difference›. *Gender and Society 9*(4), S. 506–513.

Fenstermaker, S. & West, C. (2001). «Doing difference» revisited. Probleme, Aussichten und der Dialog in der Geschlechterforschung. In: B. Heintz (Hrsg.), Geschlechtersoziologie. *Kölner Zeitschrift für Soziologie und Sozialpsychologie 41,* S. 236–249.

Flick, U., von Kardorff, E. & Steinke, I. (2008). *Qualitative Forschung. Ein Handbuch* (6. Aufl.). Reinbeck: Rowohlt

Foucault, M. (2019). *Sicherheit, Territorium, Bevölkerung. Geschichte der Gouvernementalität I. Vorlesung am Collège de France 1977–1978* (6. Aufl.). Frankfurt a. M.: Suhrkamp.

Gildemeister R. & Wetterer A. (2008). Soziale Konstruktion von Geschlecht. In: S. M. Wilz (Hrsg.*), Geschlechterdifferenzen — Geschlechterdifferenzierungen*. Wiesbaden: VS Verlag. S. 167–198.

Goffman, E. (1967). *Stigma. Über die Techniken der Bewältigung beschädigter Identität.* Frankfurt a. M.: Suhrkamp (aus dem Amerikanischen von Frigga Haug. Titel der Originalausgabe: Stigma. Notes on the Management of Spoiled Identity. Englewood Cliffs: Printice Hall 1963).

Helsper, W. (2021). Pädagogische Professionalität und professionelles pädagogisches Handeln. – Zentrale Bestimmungen. In: Helsper, W. (Hrsg.), *Professionalität und Professionalisierung pädagogischen Handelns: Eine Einführung.* Opladen & Toronto: Verlag Barbara Budrich. S. 135–176.

Hillebrandt, F. (2001). Differenz und Differenzierung in soziologischer Perspektive. In: H. Lutz & N. Wenning (Hrsg.), *Unterschiedlich verschieden. Differenz in der Erziehungswissenschaft.* Wiesbaden: Springer VS. S. 47–70.

Hirschauer, S. (1994). Die soziale Fortpflanzung der Zweigeschlechtlichkeit. *Kölner Zeitschrift für Soziologie und Sozialpsychologie 46*(4), S. 686–692.

Hirschauer, S. (2014). Un/doing Differences. Die Kontingenz sozialer Zugehörigkeiten *Zeitschrift für Soziologie 43* (3), S. 170–191.

Honer, A. (2008). Lebensweltliche Ethnographie. In: U. Flick., E. von Kardorff & I. Steinke (Hrsg.), *Qualitative Forschung. Ein Handbuch* (6. Aufl.). Reinbeck: Rowohlt. S. 56–74

Honig, M. (2004): Wie bewirkt Pädagogik was sie leistet? In: M. Honig, M. Joos & N. Schreiber (Hrsg.), *Was ist ein guter Kindergarten? Theoretische und empirische Analysen zum Qualitätsbegriff in der Pädagogik.* Weinheim u. a.: Juventa, S. 119–226.

Hormel, U. (2017). Pädagogische Beobachtungsweisen. Heterogenität, Diversity, Intersektionalität. In U. Stenger, D. Edelmann, D. Nolte & M. Schulz (Hrsg.), *Diversität in der Pädagogik der frühen Kindheit.* Im Spannungsfeld zwischen Normativität und Konstruktivität. Weinheim & Basel: Beltz Verlag. S. 19–35.

Jäger, M. (2011). ‹Doing difference› in einer Schweizer Primarschulklasse. Das Fremdbild des Erstklässlers Amir aus ethnographischer Perspektive. In: I. Diehm & A. Panagiotopoulou (Hrsg.), *Bildungsbedingungen in europäischen Migrationsgesellschaften. Ergebnisse qualitativer Studien in Vor- und Grundschule.* Wiesbaden: VS Verlag. S. 25–44.

Jäger, M. (2019). «Ruhigsein ist das Allerwichtigste!» Die Herstellung einer schulischen Ordnung (Regeln im Schulalltag I). In: A. Sieber Egger, G. Unterweger, M. Jäger, M. Kuhn & J. Hangartner (Hrsg.), *Kindheit(en) in formalen, nonformalen und informellen Bildungskontexten. Ethnografische Beiträge aus der Schweiz.* Wiesbaden: Springer VS. S. 45–65

Kampshoff, M. (2000). Doing gender und doing pupil – erste Annäherungen an einen komplexen Zusammenhang. Oder: Welche Erträge bieten sozialkonstruktivistische Ansätze für die feministische Schulforschung? In: D. Lemmermöhle, D. Fischer, D. Klika & A. Schlüter (Hrsg.), *Lesarten des Geschlechts.* Opladen: Leske und Buddrich. S. 189–204.

Kampshoff, M. (2013). Doing difference im Unterricht als Unterricht. In: J. Budde (Hrsg.), *Unscharfe Einsätze. (Re-)Produktion von Heterogenität im schulischen Feld.* Wiesbaden: Springer VS. S. 249–274.

Kassis, M. (2019). «Schon wieder Zara!» Differenzkonstruktionen im Schulalltag. In: A. Sieber Egger, G. Unterweger, M. Jäger, M. Kuhn, & J. Hangartner (Hrsg.), *Kindheit(en) in formalen, nonformalen und informellen Bildungskontexten: Ethnografische Beiträge aus der Schweiz.* Wiesbaden: Springer VS. S. 91–108.

Klinger, Cornelia & Knapp, Gudrun-Axeli (2005). Achsen der Ungleichheit – Achsen der Differenz. Verhältnisbestimmung von Klasse, Geschlecht, „Rasse"/Ethnizität. In: *Transit – Europäische Revue Nr. 29.* S. 72–95.

Kreckel, R. (2004). *Politische Soziologie der sozialen Ungleichheit* (3., überarbeitete und erweiterte Aufl.). Frankfurt a. M.: Campus Verlag.

Kronig, W. (2011). Heterogenität als Problem und als Problemlösung – einige pädagogische Irritationen. In: H. Faulstich-Wieland (Hrsg.), *Umgang mit Heterogenität und Differenz.* Baltmannsweiler: Schneider Verlag Hochgehren, S. 201–210.

Kronig, W. (2019a). *Einführung in die Behindertensoziologie – Skript 4.* [Vorlesung 04.11.2019]. Universität Fribourg. Abgerufen am 16.07.2022 von https://moodle.unifr.ch/pluginfile.php/881856/mod_resource/content/1/Kronig%20Behindertensoziologie%20Skript%204.pdf

Kronig, W. (2019b). *Substanz und Konstruktion. Reifikation. Die Vergegenständlichung.* [Vorlesung 14.10.2019]. Universität Fribourg. Abgerufen am 16.07.2022 von https://moodle.unifr.ch/pluginfile.php/894968/mod_resource/content/1/Behindertensoziologie%20Exkurs%20Reifikation.pdf

Kubisch, S. (2008). *Habituelle Konstruktion sozialer Differenz. Eine rekonstruktive Studien am Beispiel der Organisation von Wohlfahrtspflege.* Wiesbaden: VS Verlag.

Kuhn, M. (2013). *Professionalität im Kindergarten. Eine ethnografische Studie zur Elementarpädagogik in der Migrationsgesellschaft.* Wiesbaden: Springer VS.

Krüger-Potratz, M. & Lutz, H. (2002). Sitting at a crossroad – rekonstruktive und systematische Überlegungen zum wissenschaftlichen Umgang mit Differenzen. *Tertium comparationis 8*(2), S. 81–92.

Krüger-Potratz, M. (2011). Intersektionalität. In: H. Faulstich-Wieland (Hrsg.), *Umgang mit Heterogenität und Differenz.* Baltmannsweiler: Schneider Verlag Hohengehren. S. 183–200.

Leiprecht, R. & Lutz, H. (2005). Intersektionalität im Klassenzimmer: Ethnizität, Klasse, Geschlecht. In: R. Leiprecht & A. Kerber (Hrsg.), *Schule in der Einwanderungsgesellschaft.* Schwalbach im Taunus: Wochenschau Verlag. S. 218–234.

Lutz H. & Wenning N. (2001). *Unterschiedlich verschieden. Differenz in der Erziehungswissenschaft.* Wiesbaden: Springer VS.

Machold, C. & Wienand, C. (2021): Die Herstellung von Differenz in der Grundschule. Eine Langzeitethnographie. Weinheim & Basel: Beltz Juventa.

Mecheril, P. & Plößer, M. (2009). Differenz. In: S. Andresen, R. Casale & T. Gabriel, R. Horlacher, S. Larcher, S. Klee & J. Oelkers (Hrsg.), *Handwörterbuch Erziehungswissenschaft.* Weinheim: Beltz. S. 194–208.

Mekacher, S. (2021). *‹Doing difference› im Unterricht einer Primarschulklasse.* Unveröffentlichte Seminararbeit. Université de Fribourg, Schweiz.

Prengel, A. (2019). *Pädagogik der Vielfalt. Verschiedenheit und Gleichberechtigung in Interkultureller, Feministischer und Integrativer Pädagogik* (4., um ein aktuelles Vorwort ergänzte Aufl.). Wiesbaden: Springer VS.

Rabenstein, K., Reh, S., Ricken, N. & Idel, T. S. (2013). Ethnographie pädagogischer Differenzordnungen. *Zeitschrift für Pädagogik 59*(5), S. 668–690.

Reckwitz, A. (2003). Grundelemente einer Theorie sozialer Praktiken. Eine sozialtheoretische Perspektive. *Zeitschrift für Soziologie 32*(4) S. 282–301.

Schiffauer, W. (2002). Einleitung: Nationalstaat, Schule und politische Sozialisation. In: W. Schiffauer, G. Baumann., R. Kastoryano & S. Vertovec (Hrsg.), *Staat – Schule – Ethnizität. Politische Sozialisation von Immigrantenkindern in vier europäischen Ländern.* Berlin u. a.: Waxmann, S. 1–19.

Schmid, M. (2012). Elternbildung in der Moderne – Warum Eltern Rat suchen. *Bildung und Erziehung 65*(4), S. 391–408.

Schweizerische Konferenz der kantonalen Erziehungsdirektoren (2007). *Interkantonale Vereinbarung über die Zusammenarbeit im Bereich der Sonderpädagogik. Download am 03.08.2022 von* https://www.edk.ch/de/themen/sonderpaedagogik

Sieber Egger, A., Unterweger, G., & Herzig, P. (2018). Doing pupil im Kindergartenalltag. Inszenierungen von Übergangsmomenten aus ritualtheoretischer Perspektive. In: K. Fasseing Heim, R. Lehner, T. Dütsch, U. Arnaldi, E. Hildebrandt, M. Wey Huber, B. Zumsteg (Hrsg.), *Übergänge in der frühen Kindheit.* Münster: Waxmann Verlag. S. 131–151.

Sieber Egger, A., Unterweger, G., Jäger, M., Kuhn, M. & Hangartner, J. (2019). *Kindheit(en) in formalen, nonformalen und informellen Bildungskontexten: Ethnografische Beiträge aus der Schweiz.* Wiesbaden: Springer VS.

Solga, H., Berger, P.A & Powell, J. (2009): Soziale Ungleichheit – Kein Schnee von gestern! Eine Einführung. In: H. Solga, J. Powell & P. A. Berger (Hrsg.), *Soziale Ungleichheit. Klassische Texte zur Sozialstrukturanalyse.* Frankfurt a. M.: Campus, S. 11–45.

Strauss, A. (1994). *Grundlagen qualitativer Sozialforschung. Datenanalyse und Theoriebildung in der empirischen soziologischen Forschung.* München: Fink.

Strauß, A. & Corbin, J. (1996). *Grounded Theory. Grundlagen der qualitativen Sozialforschung.* Weinheim: Beltz.

Strübing, J. (2008). *Grounded Theory. Zur sozialtheoretischen und epistemologischen Fundierung des Verfahrens und der empirisch begründeten Theoriebildung.* Wiesbaden: Springer VS

Strübing, J. (2022). Ethnographie und Grounded Theory. In: A. Poferl & N. Schröer (Hrsg.), *Handbuch Soziologische Ethnographie.* Wiesbaden: Springer VS. S. 281–294.

Unterweger, G. (2014). „Dann wird er mega böse." Zum Umgang mit schulisch markierten Differenzen in der Peerkultur. In: M. Sertl & I. Erler (Hrsg.), *Bildung und Ungleichheit. Zur Reproduktion sozialer Ungleichheit in der Schule.* Schulheft 154, S. 84–94.

Walgenbach, K. (2017). Doing difference. In: M.K.W. Schweer (Hrsg.), *Lehrer-Schüler-Interaktion. Inhaltsfelder, Forschungsperspektiven und methodische Zugänge* (3. überarbeitete aktualisierte Aufl.). Wiesbaden: Springer VS. S. 587–605.

Welsch, W. (1991). *Unsere postmoderne Moderne.* Weinheim: VCH.

West, C. & Zimmerman, D. (1987). Doing Gender. *Gender and Society 1*(2), S. 125–151.

Winker, G. & Degele, N. (2009): *Intersektionalität. Zur Analyse sozialer Ungleichheiten.* Bielefeld: transcript.

Printed by Printforce, the Netherlands